ERD VERLAG

Florence Scovel Shinn

Das geheime Tor zum Erfolg

Aus dem Amerikanischen
von Christine Heckl

ERD VERLAG · MÜNCHEN

Die amerikanische Originalausgabe
erschien 1940 unter dem Titel
The Secret Door To Success

Die in diesem Buch aufgeführten Ratschläge wurden von Autor und Verlag sorgfältig geprüft. Eine Garantie bzw. Haftung kann jedoch nicht übernommen werden.

1. Auflage 1999
Umschlaggestaltung (U1): Franziska Pucher
Titelillustration: Franziska Pucher
Übersetzung aus dem Amerikanischen: Christine Heckl

ISBN 978-3-8138-0503-1

Inhalt

Die geheime Tür zum Erfolg

»Da schrie das Volk, und die Priester bliesen die Posaunen: Denn als das Volk den Hall der Posaunen hörte, machte es ein großes Feldgeschrei. Und die Mauern fielen um, und das Volk erstieg die Stadt, ein jeglicher stracks vor sich. Also gewannen sie die Stadt.« (Josua 6,20)

Ein erfolgreicher Mensch wird immer wieder dieselbe Frage hören: »Was ist das Geheimnis deines Erfolges?« Niemals dagegen würde man einen Versager nach dem Geheimnis seines Mißerfolgs fragen, denn der Grund dafür liegt meist auf der Hand und ist zudem nicht von großer Bedeutung. Alle Menschen wollen eines wissen: Wodurch wird die geheime Tür zum Erfolg geöffnet?

Jedermann hat die Möglichkeit, erfolgreich zu sein, doch scheint sich der Erfolg hinter einer Mauer oder einer Tür zu verbergen. In der Bibel finden wir jene wundervolle Geschichte über den Fall der Mauern von Jericho. Wie wir wissen, gibt es natürlich für jede biblische Geschichte eine metaphysische Interpretation. Doch hier werden wir über unsere »Mauer von Jericho« sprechen: Die Mauer, die uns vom Erfolg trennt. Die meisten Menschen haben so eine Mauer um ihr »Jericho« aufgebaut. Diese Stadt, die zu erobern uns nicht gelingt, birgt große Schätze; in ihr ruht ein uns vorbestimmter Erfolg, sie birgt den größten Wunsch unseres Herzens!

Welche Art von Mauer haben Sie um Ihr Jericho aufgebaut? Oft ist Zorn die Ursache – man ärgert sich über seine Mitmenschen oder über eine Situation und verdrängt so das Gute. Wenn Sie glauben, ein Versager zu sein und auf den Erfolg anderer neidisch sind, stehen Sie damit nur Ihrem eigenen Erfolg im Wege. Ich habe mir folgenden Satz ausgedacht, um Gefühle der Mißgunst und des Zorns zu vertreiben: *Was Gott für andere getan hat, das tut er jetzt für mich und noch viel mehr*.

Ich kannte eine Frau, die von Neid erfüllt war über das Geschenk, das einer ihrer Freunde erhielt; nachdem sie sich aber den genannten Satz vorsagte, erhielt sie genau dasselbe Geschenk – und noch etwas dazu.

Als die Kinder von Jericho riefen, geschah es, daß die Mauern niederbrachen. Jedesmal, wenn Sie eine Wahrheit aussprechen, werden Ihre Mauern von Jericho ins Wanken geraten.

Einer anderen Frau riet ich dazu, sich immer wieder folgendes vorzusagen: Die Mauern der Entbehrung und Verzögerung werden allmählich zusammenbrechen und ich betrete das versprochene Land. Fast unmittelbar darauf hatte sie das Bild vor Augen, wie sie über die Trümmer der Mauern steigt, und sich das ihr zugedachte Glück offenbart.

Das Wort, das auch in Ihrem Leben eine Wandlung herbeiführen kann, heißt Realisation, denn Worte und Gedanken besitzen eine Art »Radioaktivität«. Erst durch vollkommene Hingabe an eine Tätigkeit und die Freude an dem, was man tut, öffnet sich die Tür zum Erfolg.

Als ich vor etlichen Jahren nach Kalifornien fuhr, um in verschiedenen Zentren Vorträge zu halten, und den Panamakanal überquerte, lernte ich auf dem Schiff einen Mann namens Jim Tully kennen. Dieser Mann erzählte mir, daß er viele Jahre lang als Landstreicher gelebt hatte. Er selbst nannte sich den »König der Landstreicher«. Trotzdem ist er immer ehrgeizig gewesen und besaß Bildung. Er hatte eine lebhafte Vorstellungskraft und begann eines Tages damit, Geschichten über seine Erlebnisse und Erfahrungen aufzuschreiben. Es bereitete ihm viel Spaß, über sein Dasein als Landstreicher zu schreiben, und er wurde ein erfolgreicher Autor. Ich erinnere mich an ein Buch mit dem Titel *Outside looking in*, das sogar verfilmt wurde. Heute ist der Mann berühmt und lebt in Hollywood.

Wodurch öffnete sich für Jim Tully die geheime

Tür zum Erfolg? Er schrieb Geschichten über sein Leben, das heißt, er setzte sich mit dem, was er tat, auseinander und machte so das Beste aus seinem Dasein als Landstreicher.

Während der Überfahrt hatten wir einmal die Gelegenheit, alle gemeinsam am Kapitänstisch zu sitzen und uns zu unterhalten. Eine gewisse Mrs. Stone, die sich auch auf dem Schiff befand, hatte ein Buch mit dem Titel *Der bittere Tee von General Yen* geschrieben und war auf dem Weg nach Hollywood, um die Filmrechte für ihr Buch zu verkaufen. Sie hatte einige Zeit in China verbracht und fand dort die Inspiration zu diesem Buch. Das ist der Schlüssel zum Erfolg – man muß seine Mitmenschen für Dinge begeistern, die einem selbst Freude bereiten. Zeigen Sie Ihr Interesse an etwas, und man wird Sie überaus interessant finden. Oft schon genügt gute Laune oder ein Lächeln, und die geheime Tür öffnet sich; ein chinesisches Sprichwort lautet: »Wer nicht lächelt, sollte auch kein Geschäft betreten.«

Es gibt einen französischen Film mit Chevalier in der Hauptrolle, in dem die Kraft des Lächelns besonders gut zum Ausdruck kommt. Der Film trägt den Titel: *Mit einem Lächeln*. Eine der Figuren wird arm und trübselig und verliert beinahe jede Hoffnung. Sie sagt zu Chevalier: »Was hat mir meine Ehrlichkeit schon eingebracht?« – Chevalier erwidert: »Selbst Ehrlichkeit nützt einem wenig, wenn man nicht lächelt.« Da änderte sich der Mann und wurde heiter und erfolgreich.

Wer immer nur in der Vergangenheit lebt und sich über seine Mißerfolge beklagt, wird bald von einer dicken Mauer umgeben sein. Auch wer nur von sich selbst spricht und seine Energie vergeudet, wird bald hinter einer hohen Mauer stehen. Ich kannte einen Mann, der trotz seiner Intelligenz und Begabung ein totaler Versager war. Er lebte gemeinsam mit seiner Mutter und seiner Tante. Jeden Abend, wenn er nach Hause kam und sie gemeinsam beim Essen saßen, erzählte er den beiden alles, was sich tagsüber im Büro zugetragen hatte. Er sprach über seine Hoffnungen, seine Ängste und seine Mißerfolge. Ich sagte zu ihm: »Wenn Du immer nur von Dir selbst sprichst, vergeudest Du Deine Kräfte. Du solltest Deiner Familie nicht alles über die Arbeit erzählen. Schweigen ist Gold!« Er befolgte meinen Rat. Von nun an weigerte er sich, während des Abendessens über die Arbeit zu sprechen. Die Mutter und die Tante waren tief betrübt, denn sie hatten es genossen, über alles Bescheid zu wissen. Sein Schweigen jedoch erwies sich als goldrichtig!

Es dauerte nicht lange und er bekam einen Job, bei dem er mehr verdiente als bisher, und sein Gehalt steigerte sich innerhalb weniger Jahre sogar noch in beachtlichem Maße. Hinter unserem Erfolg steckt also kein Geheimnis, sondern ein System.

Es gibt viele Menschen, die unter Mutlosigkeit leiden. Doch Mut und Ausdauer sind Teil dieses Systems. Das läßt sich im Leben aller erfolgreichen

Männer und Frauen nachvollziehen. Dies wurde mir vor allem aufgrund einer äußerst amüsanten Erfahrung bewußt: Ich hatte eine Verabredung mit einem Freund im Kino. Während ich auf ihn wartete, stand ein Junge neben mir und verteilte Programme. Immer wieder rief er den vorüberkommenden Leuten zu: »Kaufen Sie das ausführliche Programm zum Film mit Fotos der Darsteller und einer Zusammenfassung ihres Lebens.« Die meisten gingen an ihm vorbei, ohne ein Programm zu kaufen. Zu meinem großen Erstaunen drehte er sich plötzlich zu mir um und sagte: »Finden Sie nicht auch, daß das nicht der richtige Job für einen begabten Jungen ist!« Daraufhin hielt er mir einen Vortrag über Erfolg. Er sagte: »Die meisten Menschen geben bereits auf, bevor etwas Großes passiert ist. Ein erfolgreicher Mann gibt niemals auf.« Der Junge gefiel mir und ich sprach zu ihm: »Das nächste Mal, wenn ich vorbeikomme, bringe ich dir ein Buch mit. Es heißt *Das Lebensspiel und seine mentalen Regeln*. Du wirst darin viele Gedanken finden, mit denen du übereinstimmst.«

Eine oder zwei Wochen später kam ich wieder und brachte das Buch mit. Das Mädchen an der Kasse sagte zu dem Jungen: »Laß es mich lesen, während du Programme verkaufst«, und der Mann, der gerade seine Karte bezahlte, beugte sich nach vorne, um den Titel zu lesen. Das Buch weckte bei jedem Interesse. Nach drei Wochen ging ich wieder ins Kino, doch Eddie war nicht mehr da. Er hatte einen neuen Job, der ihm sehr gut gefiel. Die »Mauer von Jericho« war gefallen, denn er hatte sich dagegen gewehrt, den Mut zu verlieren.

In der Bibel wird das Wort *Erfolg* zweimal erwähnt – beide Male im Buch Josua: »Nur sei stark und fest entschlossen, auf die Beobachtung aller Weisungen des Gesetzes bedacht zu sein, das mein Knecht Mose dir zur Pflicht gemacht hat. Weiche davon weder nach rechts noch nach links ab, damit du bei all' deinen Unternehmungen glücklichen Erfolg habest. Höre nicht auf, von diesem Gesetzbuch zu reden, und sinne Tag und Nacht darüber nach, damit du auf die Beobachtungen alles dessen, was darin geschrieben steht, bedacht seiest; denn alsdann wirst du glücklichen Erfolg bei deinen Unternehmungen haben und alsdann wird dir alles gelingen. Weiche davon weder nach rechts noch nach links ab.«

Der Weg zum Erfolg ist ein gerader und enger Pfad; diesen Weg zu beschreiten, erfordert liebevolle Hingabe und ungeteilte Aufmerksamkeit. »Dinge, an die man viele Gedanken richtet, zieht man an.« Wer also oft an Entbehrung denkt, zieht sie auf sich, wer oft an Unrecht denkt, zieht immer mehr Unrecht auf sich. Josua sagte: »Wenn man dann ein Zeichen mit dem Lärmhorn gibt, soll das gesamte Volk, wenn ihr dann den Posaunenschall hört, ein lautes Kriegsgeschrei erheben; dann wird die Stadtmauer von selbst in sich zusammenstürzen, und das Volk soll sie ersteigen, wo ein jeder gerade steht.« Der tiefere Sinn dieser Geschichte liegt in der Macht der Worte, denn Worte können Hindernisse beseitigen und Schranken durchbrechen. Als die Menschen ihr Geschrei erhoben, brachen die Mauern zusammen.

In volkskundlichen Geschichten und Märchen, die sich meist aus Legenden entwickelt haben und auf wahren Begebenheiten beruhen, finden wir dieselbe Idee – ein Wort öffnet Türen oder spaltet Felsen. Das Märchen von Ali Baba und den vierzig Räubern erzählt zum Beispiel von der Macht der Worte. Ich sah die Verfilmung davon: Ali Baba hat ein geheimes Versteck, irgendwo hinter Hügeln und Felsen; den Eingang dazu findet nur, wer einen geheimen Zauberspruch kennt – er lautet: »Sesam öffne dich!« Ali Baba steht nun vor dem Berg und ruft »Sesam öffne dich!« worauf der Felsblock zur Seite rollt.

Ich finde diese Geschichte sehr ermutigend, denn sie macht deutlich, daß auch der Fels, der unseren Weg versperrt und uns in unserem Tun behindert, bei der Wahl der richtigen Worte zur Seite weicht.

Merken wir uns also folgende Worte: Die Mauern der langen Entbehrung stürzen nun ein, so daß ich unter Gnade das mir verheißene Land betrete.

Ziegel ohne Stroh

»Stroh wird euch nicht gegeben, aber die festgesetzte Zahl von Ziegeln habt ihr zu liefern.« (2. Buch Mose 5,18)

Bei einer rein theoretischen Interpretation liefert uns das fünfte Kapitel im zweiten Buch Mose eine bildhafte Darstellung des täglichen Lebens. Die Kinder von Israel befanden sich in der Knechtschaft Pharaos, des grausamen Herrschers über Ägypten. Sie lebten als Sklaven und mußten Ziegelsteine fertigen, sie wurden gehaßt und verachtet.

Mose sollte nun diese Menschen im Auftrag des Herrn aus ihrer Gefangenschaft befreien – Hierauf gingen Mose und Aaron hin und sagten zum Pharao: »So hat der Herr, der Gott Israels, gesprochen: ›Laß mein Volk ziehen, damit sie mir ein Fest in der Wüste feiern‹.« Doch Pharao weigerte sich, sie gehen zu lassen und drohte sogar damit, ihre Arbeit noch zu erschweren: Sie sollten Ziegelsteine herstellen, ohne daß man ihnen dafür Stroh zur Verfügung stellte. Da gingen die Fronvögte und Aufseher des Volkes hin und sagten zum Volke: »So hat der Pharao geboten: Ich lasse euch ab sofort kein Stroh mehr liefern; geht selbst hin und holt euch Stroh, wo ihr es findet; doch von eurer Arbeit wird euch nichts erlassen.« Es war ihnen jedoch nicht möglich, ohne Stroh Ziegelsteine zu machen und der Pharao unterdrückte sie noch mehr; sie wurden geschlagen, weil sie keine Ziegelsteine mehr lieferten. Doch da kam die Botschaft Jehovas.

»Geht und macht euch an die Arbeit; da man euch kein Stroh gibt, bekommt ihr die Ziegel.« Mit Hilfe des spirituellen Gesetzes setzten sie ihre Arbeit fort, und konnten die Ziegel auch ohne Stroh herstellen, was praktisch ein Ding der Unmöglichkeit war.

Wie oft im Leben wird man mit ähnlichen Situationen konfrontiert! Agnes M. Lawson schreibt in ihren *Hinweisen für die Lektüre der Bibel*: »Das Leben in Ägypten unter fremder Tyrannei ist das Symbol dafür, daß der Mensch der strengen Herrschaft von negativem Denken, Stolz, Furcht, Haß und Feindschaft unterliegt. Die Befreiung des Volkes durch Mose steht für die Freiheit, die der Mensch gewinnt, indem er die Gesetze des Lebens begreift, denn erst, wenn wir diese Regeln kennen, können wir Gnade erfahren. Man muß die Gesetze wahrnehmen, um sie erfüllen zu können.

Im letzten Vers des III. Psalms steht geschrieben: »Die Furcht des Herrn ist der Weisheit Anfang: Heilsame Einsicht allen, die danach tun; sein Ruhm besteht in Ewigkeit.« Wenn wir nun das Wort *Herr* durch das Wort *Gesetz* ersetzen, erhalten wir den Schlüssel zu dieser Aussage. Die Furcht des Gesetzes (karmisches Gesetz) ist der Weisheit Anfang (statt *Furcht des Herrn*).

Wer einmal begriffen hat, daß alles, was er aussendet, zu ihm zurückkehrt, fängt an, sich vor den eigenen Bumerangs zu fürchten. In einer medizinischen Zeitschrift fand ich etwas über den Bumerang, der den großen Pharao traf: »Es scheint tatsächlich so, als ob das Fleisch Erbe einer langen Reihe ehemaliger Krankheiten ist. So enthüllte Lord Monyahan bei einer Lesung in Leeds, daß der »Pharao der Unterdrückung« im wörtlichen Sinne unter Verhärtung des Herzens litt; Lord Monyahan zeigte bemerkenswerte Lichtbilder von den Ergebnissen einiger Notoperationen, die tausend Jahre vor Christus gemacht wurden; unter ihnen befand sich auch eine Aufnahme der anatomischen Überreste vom »Pharao der Unterdrückung«.

»Die große Ader, die aus dem Herzen kommt, war in einem solch guten Zustand, daß es sogar möglich war, sie in einzelne Abschnitte zu unterteilen und diese mit den erst kürzlich gemachten Lichtbildern zu vergleichen. Man konnte so zwischen der alten und neuen Ader unterscheiden. Beide Herzen litten unter Atheroma, einer Krankheit, bei der sich an den Gefäßwänden Kalziumsalze ablagern, was schließlich zu einer Verhärtung führt.«

»Durch die unzureichende Ausdehnung des Blutstroms vom Herzen, muß die Arterie nachgeben; in diesem Zustand wiederum stellen sich gewisse mentale Veränderungen ein, die durch die Verhärtung der Arterien hervorgerufen werden: Dabei handelt es sich im wesentlichen um Engstirnigkeit, Ängstlichkeit und eingeschränkten Unternehmungsgeist, also eine Verhärtung des Herzens im wahrsten Sinne des Wortes.«

So kam es, daß die Verhärtung des Herzens bei diesem Pharao tatsächlich zu Hartherzigkeit geführt hat. Das gilt heute noch genauso wie vor vielen tausend Jahren – wir alle kommen aus dem Land Ägypten und entstammen dem Hause der Knechtschaft. Durch unsere Zweifel und Ängste werden wir zu Sklaven; man befindet sich in einer Situation, die hoffnungslos zu sein scheint; doch was können wir tun? Es ist dasselbe Problem wie die Herstellung von Ziegeln ohne Stroh. Denken wir an die Worte: »Geht nun und arbeitet; es wird euch zwar kein Stroh gegeben, doch ihr erhaltet die Anzahl fertiger Ziegel.« Man soll Ziegel ohne Stroh machen. Gott ebnet uns den Weg, wo kein Weg zu sein scheint!

Man hat mir die Geschichte einer Frau erzählt, die kein Geld besaß, um ihre Miete zu bezahlen: sie mußte das Geld sofort auftreiben und wußte keinen Ausweg, denn sie hatte bereits alle Möglichkeiten ausgeschöpft. Dennoch verlor sie nicht ihren Glauben an die Wahrheit. Ihr Hund winselte und wollte nach draußen geführt werden. Sie nahm ihn also an die Leine und ging die Straße entlang, in die gewohnte Richtung. Doch plötzlich zog der Hund an der Leine und wollte in eine andere Richtung laufen. Sie gab ihm nach, und auf halber Strecke, gegenüber dem Park, entdeckte sie auf der Erde eine Rolle mit Banknoten; es war genau die Summe, die sie für ihre Miete benötigte. Sie suchte in der Zeitung nach einer Vermißtenanzeige, aber der Besitzer des Geldes war nicht zu finden.

Die Urteilskraft unseres Geistes, der Verstand nimmt den »Thron des Pharao's« in unserem Bewußtsein ein. Denn er sagt uns unaufhörlich: »Es ist nicht möglich. Wozu denn eigentlich!« Wir müssen diese düsteren Gedanken mit Hilfe einer lebendigen Bekräftigung übertünchen! Zum Beispiel: *Das Unerwartete geschieht, mein scheinbar unmögliches Glück verwirklicht sich jetzt.* Dadurch wird jeglicher Widerspruch von der feindlichen Armee (der Vernunft) abgewiesen. *Das Unerwartete geschieht*! Gegen diesen Glauben kommt die Vernunft nicht an. *Du hast mir mehr Weisheit gegeben, als meinen Feinden.* Unseren feindlichen Gedanken, Zweifeln, Ängsten und Sorgen!

Denken Sie an die Freude, wirklich frei zu sein vom Pharao der Unterdrückung, an die Vorstellung, Sicherheit, Gesundheit, Glück und Überfluß fest im Unterbewußtsein eingeprägt zu haben. Das bedeutet ein Leben, frei von allen Einschränkungen! Das wäre das Königreich, von dem Jesus Christus gesprochen hat, in dem uns alle Dinge automatisch zugefügt werden. Ich sage deshalb »automatisch zugefügt werden«, weil sich das ganze Leben aus Vibrationen zusammensetzt; wenn nun unsere eigenen Vibrationen mit denen von Erfolg, Glück und Überfluß übereinstimmen, werden sich die Dinge, die diesen Bewußtseinszustand symbolisieren, mit uns verbinden. Fühlt man sich reich und erfolgreich, wird man unmittelbar Dinge, wie zum Beispiel einen Scheck über eine große Summe oder ein schönes Geschenk bekommen.

Ich erzähle nun eine Geschichte, die zeigt, wie dieses Gesetz funktioniert. Ich war auf einer Party, bei der Spiele veranstaltet wurden; der Gewinner bekam einen Preis, es war ein hübscher Ventilator. Unter den Teilnehmern befand sich eine sehr reiche Frau, die schon alles besaß. Ihr Name war Clara. Die ärmeren Teilnehmer waren verärgert und flüsterten untereinander: »Wir hoffen, daß nicht Clara den Ventilator bekommt.« Natürlich gewann Clara den Ventilator.

Sie war sorglos und besaß die Schwingungen zum Überfluß. Neid und Groll verhindern das Glück und halten den Ventilator fern von uns. Immer wenn man wütend oder neidisch ist, sollte man sich folgende Worte vorsagen: *Was Gott für andere getan hat, tut er nun für mich, und noch mehr*! Dann wird man alles bekommen, was man sich wünscht.

Niemand gibt sich selbst etwas anderes als sich selbst, und niemand nimmt sich selbst etwas anderes als sich selbst: das »Spiel des Lebens« ist demnach ein Patiencespiel; so wie man sich ändert, ändern sich auch die Umstände.

Um aber zu Pharao dem Tyrannen zurückzukehren: ein Tyrann wird von niemandem geliebt. Ich erinnere mich an ein Mädchen, mit dem ich vor vielen Jahren befreundet war; ihr Name ist Lettie. Ihr Vater hatte zwar jede Menge Geld, doch er versorgte Frau und Tochter lediglich mit Nahrungsmitteln und Kleidern, niemals aber mit irgendwelchem Luxus. Wir besuchten zusammen die Kunstgewerbeschule und alle Studenten hatten den Wunsch, Reproduktionen von berühmten Gemälden zu kaufen, um die Kunst mit nach Hause zu nehmen. Der Vater meiner Freundin nannte all diese Dinge »Plunder«. Er pflegte zu sagen: »Bring' mir nur nicht irgendwelchen Plunder mit nach Hause.« So führte sie also ein farbloses Dasein ohne die berühmten Gemälde an der Wand.

Oft sagte der Vater meiner Freundin zu ihr oder ihrer Mutter: »Wenn ich sterbe, seid ihr beide wohlhabend.« Eines Tages sagte jemand zu Lettie: »Wann gehst du ins Ausland?« (Alle Kunststudenten gingen ins Ausland.) Sie aber antwortete heiter: »Nicht bevor Papa stirbt.«

Die Menschen sehnen sich stets danach, frei von Mangel und Unterdrückung zu sein. Wir wollen uns nun selbst von der Tyrannei des negativen Denkens erlösen: wir sind die Sklaven unserer Zweifel, Ängste und Sorgen gewesen und wollen uns nun befreien, so wie Mose die Kinder Israels befreit hat; wir wollen das Land Ägypten, das Haus der Sklaverei, verlassen. Suchen wir also den Gedanken, der unser größter Tyrann ist; suchen wir den Übeltäter.

In den Holzfällercamps werden im Frühling die Holzblöcke in Scharen die Flüsse hinunter geleitet. Manchmal kommen sie sich dabei gegenseitig in die Quere, und es entsteht ein Stau; die Arbeiter suchen dann den Block, der den Stau verursacht hat, richten ihn gerade und das Holz treibt wieder ungehindert den Fluß hinunter.

Vielleicht ist es bei Ihnen der Ärger, der das Glück fern hält. Je mehr man sich ärgert, desto mehr Grund wird man finden, sich von neuem zu ärgern; man bahnt den negativen Gedanken einen Weg und wird gewohnheitsgemäß nur noch seinen Ärger zum Ausdruck bringen. Man wird den Kontakt mit Ihnen meiden und Sie werden die goldenen Gelegenheiten verpassen, die jeden Tag auf Sie warten.

Ich erinnere mich daran, als vor einigen Jahren die Straßen voll waren mit Männern, die Äpfel verkauften. Sie standen sehr früh auf, um sich eine gute Straßenecke zu sichern. Ich kam mehrmals an einem dieser Verkäufer in der Park Avenue vorbei, er hatte die unangenehmste Ausstrahlung, die ich jemals erlebt habe.

Wenn jemand vorbeikam, rief er: »Äpfel! Äpfel!« Doch keiner blieb stehen, um etwas zu kaufen. Ich investierte in einen Apfel und sagte: »Sie werden Ihre Äpfel nie verkaufen, wenn Sie nicht Ihre Ausstrahlung ändern.« Er antwortete: »Der Junge dort drüben nahm mir meine Ecke weg.« Ich erwiderte: »Kümmern Sie sich nicht um die Ecke. Sie können hier ebenso gut Äpfel verkaufen, wenn Sie ein freundliches Gesicht machen.« Da sagte er: »In Ordnung, gnädige Frau«, und ich ging weiter. Als ich ihn am nächsten Tag sah, hatte sich seine Miene vollkommen geändert; er machte ein gutes Geschäft, denn er verkaufte seine Äpfel lächelnd.

Finden Sie also den Übeltäter – (vielleicht sind es auch mehrere); und die Holzblöcke des Erfolgs, Glücks und des Überflusses werden rasch den Fluß hinuntertreiben. *Geht hin und verrichtet eure Arbeit, es wird euch kein Stroh mehr gegeben, doch ihr werdet Ziegel ohne Stroh machen.*

Fünf von ihnen waren klug

»Fünf von ihnen waren töricht und fünf klug. Denn die Törichten nahmen wohl ihre Lampen mit, aber kein Öl.« (Matthäus 25,2,3)

Das Thema dieses Kapitels ist das Gleichnis von den klugen und den törichten Jungfrauen. »Fünf von ihnen waren töricht und fünf klug. Denn die Törichten nahmen wohl ihre Lampen mit, aber kein Öl; die Klugen dagegen nahmen außer ihren Lampen auch noch Öl in Gefäßen mit.« Dieses Gleichnis lehrt uns, daß man sich durch richtiges Beten auf Dinge vorbereitet.

Jesus Christus sagte: »Überhaupt alles, um was ihr im Gebet bittet, werdet ihr empfangen, wenn ihr Glauben habt.« (Matthäus 21,22) »Darum sage ich euch, glaubet nur, daß ihr alles, was ihr im Gebet erfleht, erhalten werdet, dann wird es euch zuteil.« (Markus 11,24) In diesem Gleichnis wird deutlich, daß nur jene, die sich auf ihr Glück vorbereitet haben (indem sie aktiven Glauben zeigen), eine Offenbarung dieses Glücks bewirken können. Man könnte die Heilige Schrift auch dahingehend umschreiben, daß man sagt: *Glaubet nur, daß euch alles, was ihr im Gebet erfleht, zuteil ist. Wenn ihr betet, dann handelt so, als ob es euch bereits zuteil geworden wäre.*

Passiver Glaube wird niemals Berge versetzen. Erst durch absolute Ruhe oder Meditation wird uns das Wunder dieser Wahrheit erfüllen, und wir spüren deutlich, daß dieser Glaube niemals ins Wanken geraten kann. Plötzlich wissen wir, daß Gott, unser Hirte, immer bei uns ist.

Wir fühlen, daß der »Gott des Überflusses« die Last der Schuld oder Einschränkung von uns nimmt. Dann sind wir nicht länger Zuschauer, sondern treten hinaus auf die Bühne des Lebens. Und nur das, was wir mit diesem Bewußtsein tun, zählt wirklich.

Folgendes Beispiel soll mehr Aufschluß über die Gesetzmäßigkeit bringen, daß Glaube erst durch entsprechendes Handeln wirksam wird: Einer meiner Schüler hatte den großen Wunsch, ins Ausland zu reisen. Er hatte immer wieder folgenden Gedanken: *Ich danke für die durch Gottes Gnade vollkommen geplante und finanzierte Reise.* Er besaß zwar wenig Geld, doch kannte er das Gesetz der Vorbereitung und besorgte sich einen großen Koffer. Der Koffer war bunt und lustig und mit einem großen roten Band verziert. Immer wenn er ihn ansah, hatte er eine genaue Vorstellung seiner Reise vor Augen. Eines Tages dachte er, sein Zimmer würde sich bewegen; es war wie das Schaukeln eines Schiffes. Er ging zum Fenster, um frische Luft einzuatmen, und es roch wie in einem Hafen. Er glaubte, den Schrei einer Möwe und das Knarren der Laufplanke zu hören. Der Koffer begann also für ihn zu arbeiten. Er machte es ihm möglich, sich die Reise vorzustellen. Bald darauf erhielt er eine beachtliche Geldsumme und unternahm seine Reise. Später berichtete er, daß sie in jeder Hinsicht perfekt war.

Auf der Bühne des Lebens müssen wir uns ständig selbst beobachten. Ist das Motiv unseres Handelns Furcht oder Glaube? Wir sollten mit größter Umsicht auf unsere Motive achten, denn sie beeinflussen unser Leben. Oft hat man finanzielle Probleme; dann ist es sehr hilfreich, zu wissen, daß man sie dauerhaft lösen kann, indem man aktiven Glauben praktiziert. Die weltliche Einstellung zum Geld besteht darin, daß man auf sein Gehalt, seine Einkünfte, seine Investitionen vertraut, auch wenn sie sich über Nacht ändern können. Die übersinnliche Einstellung aber besteht darin, auf die Versorgung durch Gott zu vertrauen. Um den Wohlstand zu halten, sollte man stets daran denken, daß sich Gott darin offenbart. »Was Gott gegeben hat, kann nicht verringert werden«, denn wenn sich eine Tür schließt, öffnet sich sofort eine andere. Beklage dich nie über Mangel oder Entbehrung, denn

»durch deine Worte wirst du verdammt«. Man verschmilzt mit seinen Wahrnehmungen; wenn man also immer nur Mißerfolge und schlechte Zeiten sieht, wird man auch nur Mißerfolge und schlechte Zeiten erleben.

Man muß lernen, in der vierten Dimension, in der »Welt der Wunder« zu leben. Es ist die Welt, in der Urteile nicht aufgrund von Äußerlichkeiten gefällt werden. Du hast dein inneres Auge geschult, im Mißerfolg das Glück, in der Krankheit die Gesundheit und in der Entbehrung den Überfluß zu sehen. Ich werde dir das Land geben, das dein inneres Auge sieht. »Ich werde euch das Land geben, das ihr seht.«

Wer erfolgreich ist, hat eine klare Vorstellung vom Erfolg. Wenn sich diese Vorstellung auf einen Fels der Wahrheit und der Gerechtigkeit gründet, wird sie bestehen. Wenn nicht, dann ist sie auf Sand gebaut, und wird von der Flut weggespült, um wieder zu ihrer ursprünglichen Nichtigkeit zurückzukehren. Nur gute Gedanken sind von Dauer. Das Übel zerstört sich selbst, denn es ist wie eine Strömung gegen die universelle Ordnung und der Weg des Sünders ist steinig.

»Die Törichten nahmen wohl ihre Lampen mit, aber kein Öl; die Klugen dagegen nahmen außer ihren Lampen auch noch Öl in Gefäßen mit.« Die Lampe symbolisiert das menschliche Bewußtsein. Das Öl ist das, wodurch unser Bewußtsein erleuchtet oder unser Verständnis erweckt wird. »Als nun der Bräutigam auf sich warten ließ, wurden sie alle müde und schliefen ein. Um Mitternacht aber erhob sich der Ruf: ›Der Bräutigam ist da! Macht euch auf, um ihn zu empfangen!‹ Da standen jene Jungfrauen auf, und brachten ihre Lampen in Ordnung; die törichten aber sagten zu den klugen: ›Gebt uns von eurem Öl ab, denn unsere Lampen wollen verlöschen.‹«

Den törichten Jungfrauen fehlte der Verstand beziehungsweise das Verständnis, das *Öl* für unser Bewußtsein. Als sie sich in einer schwierigen Situation befanden, waren sie nicht in der Lage, diese zu meistern. »Da antworteten die klugen: ›Nein, es würde für uns und euch nicht reichen. Geht lieber zu den Krämern und kauft euch welches.‹«

Das bedeutet, daß die törichten Jungfrauen auch nicht mehr erwarten durften, als in ihrem Bewußtsein vorgesehen war. Der Mann bekam die Reise, denn sie war fest in seinem Bewußtsein verankert, als wäre sie bereits Realität geworden. Er glaubte, sie hätte sich bereits verwirklicht. Indem er sich auf die Reise vorbereitete, nahm er das Öl für seine Lampe mit. Mit der Verwirklichung kommt die Offenbarung.

Das Gesetz der Vorbereitung funktioniert auf zweierlei Arten. Auch wenn man sich auf etwas vorbereitet, das man fürchtet oder sich nicht wünscht, zieht man es an. David sagte: »Das, was man fürchtete, ereignete sich.« Man hört oft Leute sagen: »Ich muß Geld beiseite legen, für den Fall, daß ich krank werde.« Sie bereiten sich buchstäblich darauf vor, krank zu werden. Oder: »Ich spare für schlechte Zeiten.« Die schlechten Zeiten werden sicher kommen, und zwar zu einem äußerst ungünstigen Zeitpunkt.

In Gottes Vorstellung ist für jeden Menschen Überfluß vorgesehen. »Deine Scheunen sollen gefüllt sein und deine Becher sollen überlaufen, doch wir müssen lernen, richtig zu bitten.« Es gibt zum Beispiel folgende Bitte: *Ich wende mich an das Gesetz der Anhäufung. Meine Versorgung kommt von Gott und ergießt sich nun über mich.* Diese Worte erzeugen weder ein Bild von Mangel oder Armut, noch von Krankheit. Sie vermitteln ein Gefühl der vierten Dimension, ein Gefühl von Überfluß, und ebnen den Weg zur unendlichen Intelligenz.

Jeder Mensch muß seine Wahl täglich auf's neue treffen: Wird man klug oder töricht sein? Wird man sich für sein Wohl vorbereiten? Wird man den gewaltigen Schritt zum Glauben schaffen? Oder werden Zweifel und Furcht siegen und die Lampe ohne Öl bleiben?

»Während sie nun hingingen, um sich Öl zu kaufen, kam der Bräutigam, und die Jungfrauen, die in Bereitschaft waren, gingen mit ihm zur Hochzeitsfeier hinein; und die Tür wurde verschlossen. Später kamen dann auch die übrigen Jungfrauen und riefen: ›Herr, Herr mache uns auf!‹ Er aber gab zur Antwort: ›Wahrlich ich sage euch: ich kenne euch nicht.‹«

Vielleicht denkt man, daß die törichten Jungfrauen ihr Versäumnis, das Öl mitzunehmen, sehr teuer bezahlen mußten; doch wir haben es hier mit dem karmischen Gesetz zu tun (oder dem Gesetz der Wiederkehr). Man nennt es auch den »Tag des Jüngsten Gerichts«, was oft mit dem Ende der Welt in Verbindung gebracht wird. Es heißt, der Jüngste Tag kommt immer in Verbindung mit der Zahl Sieben – in sieben Stunden, sieben Tagen, sieben Wochen, sieben Monaten oder sieben Jahren. Er kann sogar in sieben Sekunden kommen. Dann muß man eine karmische Schuld bezahlen, den Preis dafür, daß man die spirituellen Gesetze übertreten hat.

Man hat in seinem Vertrauen zu Gott versagt und kein Öl für die Lampe mitgenommen. Man soll sein Bewußtsein jeden Tag auf's neue prüfen, um zu erkennen, auf was man sich gerade vorbereitet. Wer sich davor fürchtet, arm zu sein und sich an jeden Pfennig klammert, wird dadurch nur noch mehr Armut verursachen. *Nutze das, was du besitzt, mit Weisheit, und neue Wege werden sich öffnen.*

In meinem Buch, *Die Kraft Deiner Worte*, spreche ich über den »magischen Geldbeutel«. In Tausendundeiner Nacht wird die Geschichte von einem Mann erzählt, der den magischen Geldbeutel besaß. Jedes Mal, wenn er Geld ausgab, war sofort wieder neues Geld in seinem Geldbeutel. Das brachte mich auf folgenden Satz: *Meine Versorgung kommt von Gott – ich besitze den magischen Geldbeutel des Geistes. Er kann niemals leer werden.*

Wenn man Geld entnimmt, kommt sofort wieder Geld hinein. Er ist stets zum Bersten gefüllt und sichert mir Überfluß, auf vollkommene Art und Weise und in Gottes Gnade. Diese Worte erwecken ein lebendiges Bild vor unserem geistigen Auge: Stellen Sie sich vor, Sie gehen zur Bank und heben einfach Geld ab.

Eine Frau, die nicht sehr viel Geld besaß, wollte nie ihre Rechnungen bezahlen, denn sie fürchtete sich davor, ihr Bankkonto schwinden zu sehen. Doch folgende Worte konnten sie überzeugen: *Ich besitze den magischen Geldbeutel des Geistes. Er kann niemals leer werden. Sobald ich Geld ausgebe, kommt sofort wieder Geld hinein.* Sie bezahlte bedenkenlos ihre Rechnungen und erhielt plötzlich verschiedene Schecks über größere Summen, mit denen sie nicht gerechnet hatte.

Gib acht und bete, damit du nicht in Versuchung kommst, dich auf Negatives, statt auf Positives vorzubereiten. Eine Bekannte erzählte mir eines Tages, daß sie stets einen langen Schleier aus Crêpe aufbewahrt, um ihn im Falle eines Begräbnisses zur Hand zu haben. Ich sagte ihr: »Du bist eine Bedrohung für deine Verwandtschaft, denn du bereitest dich darauf vor, sie alle loszuwerden, damit du deinen Schleier tragen kannst.« Da vernichtete sie ihn.

Eine andere Frau aus armen Verhältnissen beschloss, daß ihre beiden Töchter studieren sollten. Ihr Ehemann hingegen verwarf den Gedanken und sagte: »Wer soll denn die Ausbildung bezahlen? Ich habe nicht das Geld dafür.« Doch sie antwortete: »Ich weiß, daß wir bald unvorhergesehenes Glück haben werden.« Und sie bereitete ihre Töchter weiterhin darauf vor, die Universität zu besuchen. Ihr Mann lachte herzlich darüber und erzählte allen Freunden, seine Frau wolle die Mädchen aufgrund ihres »unvorhergesehenen Glücks« zur Universität schicken. Eines Tages schickte ihnen ein reicher Verwandter völlig unerwartet einen beachtlichen Geldbetrag. Das »unvorhergesehene Glück« stellte sich ein, denn die Frau hatte aktiven Glauben gezeigt. Ich wollte wissen, was sie zu ihrem Mann gesagt hatte, als der Scheck eintraf. Sie antwortete: »Oh, ich würde Georg niemals herausfordern und auf meinem Recht beharren.«

Bereiten auch Sie sich auf Ihr »unvorhergesehenes Glück« vor. Jeder Gedanke und jede Handlung sollte einen unerschütterlichen Glauben zum Ausdruck bringen. Hinter all unseren Erlebnissen steckt ein Gedanke, der sich verwirklicht. Es ist jeweils das Resultat einer von Furcht oder einer von Glaube erfüllten Haltung. Es entspricht aber immer dem, auf das wir uns bereits innerlich vorbereitet haben. So laßt uns klug sein und das Öl für unsere Lampen mitbringen – und immer, wenn wir es am wenigsten erwarten, wird unser Glaube Früchte tragen. Meine Lampen sind nun gefüllt mit dem Öl des Glaubens und der Erfüllung.

Was erwarten wir?

»Nach eurem Glauben geschehe euch!« (Matthäus 9,29)

Glaube bedeutet Erwartung. »Nach eurem Glauben geschehe euch.« Man könnte auch sagen, nach euren Erwartungen geschehe euch; daher also die Frage, was erwarten wir?

Man hört die Leute oft sagen: »Wir sind auf das Schlimmste gefaßt« oder »das Schlimmste kommt erst noch«. Doch mit diesen Worten führen sie vorsätzlich das Schlimmste herbei. Wer hingegen sagt: »Ich erwarte eine Wende zum Besseren«, der sucht nach besseren Konditionen in seinem Leben. Ändere deine Erwartungen und du änderst deine Bedingungen. Doch wie ändert man seine Erwartungen, wenn man die Gewohnheit hat, mit Verlust, Mangel oder Mißerfolg zu rechnen? Beginnen Sie, so zu tun, als ob Sie Erfolg, Glück und Überfluß erwarten; bereiten Sie sich auf Ihr Wohl vor! Unternehmen Sie etwas, um zu zeigen, daß Sie fest damit rechnen. Nur der aktive Glaube kann unser Unterbewußtsein prägen.

Wenn man sich etwa ein eigenes Heim wünscht, muß man sich unmittelbar darauf vorbereiten, so, als ob man nicht einen Augenblick verlieren dürfte. Man fängt am besten damit an, kleine Dekorationsstücke, Tischdecken und so weiter zu sammeln! Ich kannte eine Frau, die mit dem Kauf eines großen Sessels den gewaltigen Schritt zum Glauben machte; der Sessel diente als Symbol, sie kaufte einen großen und bequemen Sessel, denn sie bereitete sich darauf vor, dem richtigen Mann zu begegnen. Er kam.

Manche werden sagen: »Was ist, wenn ich nicht das Geld habe, um Tischdecken oder einen Sessel zu kaufen?« Dann sollte man sich die Sachen in Schaufenstern betrachten und versuchen, eine gedankliche Verbindung zu ihnen herzustellen. Man muß in ihre Schwingung geraten. Ich bekomme oft folgendes zu hören: »Ich gehe nicht gern in Geschäfte, denn ich kann mir all die Dinge nicht leisten.« Doch genau das ist der Grund, weshalb man in Geschäfte gehen sollte. Man muß sich mit den Dingen anfreunden, die man sich wünscht oder die man benötigt. Eine andere Bekannte wünschte sich einen Ring. Tapfer ging sie zum Juwelier, um Ringe anzuprobieren. Durch dieses Handeln spürte sie die Wirklichkeit ihrer Idee vom Besitz eines Ringes und schon kurze Zeit später erhielt sie von einem Freund einen Ring als Geschenk. »Man gerät in Verbindung mit seinen Wahrnehmungen.«

Versuchen Sie, schöne Dinge wahrzunehmen, und schaffen Sie so einen unsichtbaren Kontakt. Früher oder später tauchen diese Dinge in Ihrem Leben auf, es sei denn, Sie sagen: »Ich Armer, es ist zu schön, um wahr zu sein.« »Nur auf Gott hoffe still, meine Seele, denn von ihm kommt meine Hoffnung.« So lautet eine äußerst wichtige Passage im 62. Psalm. Mit Seele ist das Unterbewußtsein gemeint, und der Psalmist befahl seinem Unterbewußtsein, alle Erwartungen unmittelbar an das Universum zu richten, und sich auf nichts anderes zu verlassen, »denn von ihm kommt meine Hoffnung.«

Gott wird nicht versagen, denn »die Art und Weise seines Tuns ist geistreich, seine Methoden sind unfehlbar.« Man kann alles nur erdenklich Gute, auch wenn es unmöglich zu sein scheint, von Gott erwarten; vorausgesetzt, man steht sich nicht selbst im Wege.

Man hat jedoch nicht das Recht, zu bestimmen, wie es geschehen soll oder wie es nicht geschehen kann. »Gott ist der Gebende und das Geschenk selbst; er geht seine eigenen erstaunlichen Wege.«

Sprechen Sie folgende Worte: *Nichts kann mich von Gott, dem Gebenden, trennen, deshalb kann mich auch nichts von Gott, dem Geschenk, trennen. Gottes Handeln ist das Geschenk*. Denken Sie immer daran, daß jede Wohltat durch Gottes Handeln entsteht; bemühen Sie sich, in jedem Antlitz Gott wiederzuerkennen und in jeder Situation das Gute zu sehen, so werden Sie Ihr Leben meistern.

Eine Frau wandte sich an mich, denn die Heizkörper in ihrer Wohnung wurden nicht warm und ihre Mutter litt unter der Kälte. Der Vermieter hatte ihr mitgeteilt, daß die Heizung bis zu einem bestimmten Termin nicht angestellt würde. Ich antwortete ihr: »Gott ist Ihr Vermieter.« Daraufhin sagte sie: »Das ist es, was ich wissen wollte«, und eilte hinaus. An diesem Abend wurde die Heizung angestellt, ohne daß sie darum gebeten hatte. Denn sie hatte erkannt, daß sich Gott auch in ihrem Vermieter offenbarte.

Wir leben in einem wunderbaren Zeitalter, denn die Menschen entwickeln einen Sinn für Wunder; es liegt etwas in der Luft. Aus der Zeitung entnahm ich einen Artikel von John Anderson, der dies bestätigt. Der Titel des Artikels lautet *Theaterbesucher bevorzugen Stücke mit metaphysischem Inhalt.* Auf diesen Titel reagierte ein als zynisch geltender Regisseur, namens Brock Pemberton, mit sarkastischem Unterton: »Wenn ihr Burschen (er meinte damit die Kritiker) so genau Bescheid wißt, was das Publikum mag, warum sagt ihr mir dann nicht, was ich aufführen soll? Warum verhelft ihr mir nicht zum Erfolg statt ihn mir zu nehmen? Warum sagt ihr mir nicht, welche Stücke die Besucher gerne sehen;« – »Ich würde es ja tun«, sagte ich, »aber Sie würden es mir nicht glauben.« – »Sie weichen aus,«

sagte er. »Sie wissen es nicht und tun nur so, als wüßten Sie mehr als Sie zugeben wollen. Welche Stücke erfolgreich sind, wissen Sie ebensowenig, wie ich es im Moment tue.« – »Doch, ich bin sicher,« erwiderte ich, »es wird ein Bombenerfolg; es handelt sich dabei um ein Thema, das die Leute interessiert und schon immer interessiert hat; dabei spielt es keine Rolle, ob man es mit anderen Themen wie Liebesgeschichten, Kriminalstücken oder historischen Tragödien vergleicht; wenn ein Thema es wert ist, aufgeführt zu werden, kann es kein totaler Mißerfolg werden, wenn sogar schon einige schlechte Stücke sehr erfolgreich waren.« – »Sie weichen schon wieder aus,« sagte Herr Pemberton. »Welcher Art sind die Stücke, die Sie meinen?« »Übersinnlich,« sagte ich bedeutsam und wartete auf die Wirkung dieses wunderbaren Wortes. »Übersinnlich,« wiederholte Herr Pemberton, »Sie meinen übersinnlich?« Ich wartete einen Augenblick und da Herr Pemberton nichts sagte, ging ich direkt dazu über, solche Titel wie »Die grünen Weiden«, »Die Sternwagen«, und »Pater Malachys Wunder«, aufzuzählen. »Einige davon,« fügte ich hinzu, »erreichten das Publikum über die Köpfe der Kritiker hinweg.« Aber Herr Pemberton ging – wahrscheinlich, um in jedem Theater der Stadt nachzufragen: »Gibt es bei Ihnen Metaphysiker?«

Die Menschen fangen allmählich damit an, die Macht ihrer Worte und Gedanken zu erkennen. Sie verstehen plötzlich, warum »Glaube die Substanz all ihrer Hoffnungen ist sowie der Beweis für die unsichtbaren Dinge.«

Das Gesetz der Erwartung tritt auch bei Aberglaube in Kraft. Wer unter einer Leiter durchgeht und dadurch Pech erwartet, wird dieses Pech haben. Die Leiter ist dabei ziemlich unschuldig; das Unglück kommt nur, weil man damit rechnet. Man könnte sagen, daß Erwartung der wesentliche Bestandteil unserer Hoffnungen ist, und daß Erwartung der wesentliche Bestandteil unserer Ängste ist: »Das, was ich erwartet habe, ist eingetroffen.«

Es gibt nichts, das zu schön wäre, um wahr zu sein, nichts ist zu großartig, um einzutreffen, nichts ist zu herrlich, um anzudauern – wenn man zu Gott aufsieht und um sein Wohl bittet. Denken wir nur an das Glück, das so weit von uns entfernt zu sein scheint, und beginnen wir, es auf gnadenvolle und überraschende Weise zu erwarten; denn Gott geht unerwartete Wege, um seine Wunder zu vollbringen.

Man sagt, daß die Bibel dreitausend Versprechen enthält. Erwarten wir also, daß all diese Versprechen erfüllt werden. Unter anderem wird uns Reichtum und Ehre, ewige Jugend (»dein Fleisch soll wie das eines kleinen Kindes werden«) und ewiges Leben versprochen (»der Tod soll überwunden werden«). Die Lehre des Christentums basiert auf der Vergebung der Sünden und einem leeren Grab.

Man weiß heute, daß all diese Dinge wissenschaftlich möglich sind. Sobald wir uns an das Gesetz der Vergebung wenden, werden wir von unseren Fehlern und den Folgen unserer Fehler erlöst. (»Obwohl deine Sünden scharlachrot sind, wird deine Seele rein gewaschen, weißer als Schnee.«) Nachdem unser Körper in Licht getaucht wurde, gleicht er dem »elektrischen Körper«, der unbestechlich und unzerstörbar ist, er hat ein reines Wesen und wird zum Ausdruck von Vollkommenheit. *Ich erwarte das Unvorhergesehene, und das höchste Glück meines Lebens wird sich nun erfüllen.*

Der lange Arm Gottes

»Eine Zuflucht für dich ist der Gott der Urzeit, und unter dir sind ewige Arme ausgebreitet.« (5. Buch Mose 33,27)

Der Arm Gottes stellt in der Bibel immer das Symbol für Schutz dar. Die Verfasser der Heiligen Schrift kannten die Macht des Symbols. Symbole erwecken in uns eine Vorstellung, die sich ins Unterbewußtsein einprägt. Es wurden eine Reihe solcher Symbole verwendet, wie Felsen, Schafe, Schäfer, Weinberge, Lampen und viele andere. Es wäre interessant zu wissen, wieviele Symbole eigentlich in der Bibel zu finden sind. Der Arm galt zudem auch als Symbol der Stärke. »Eine Zuflucht für dich ist der Gott der Urzeit, und unter dir sind ewige Arme ausgebreitet; er hat den Feind vor dir vertrieben und dir geboten: ›Zerstöre ihn!‹«

Wer aber ist der »Feind vor dir«. Es sind die

negativen Gedanken, die unser Unterbewußtsein beherrschen. Die wahren Feinde des Menschen wohnen in seinem Inneren. Die »ewigen Arme« jedoch vertreiben diese feindlichen Gedanken und zerstören sie.

Haben Sie nicht schon das Gefühl der Erleichterung gespürt, wenn Sie von solch bösen Gedanken erlöst wurden. Oft ärgert man sich solange über etwas, bis man vor Zorn schier kocht. Man ist zornig über seine Mitmenschen, ob man sie nun kennt oder nicht – über Freunde von einst oder von heute; und man kann sicher sein, daß auch zukünftige Bekannte diesem Zorn nicht entgehen werden.

Vom Zorn werden alle Organe unseres Körpers in Mitleidenschaft gezogen – denn wenn man sich ärgert, ärgert sich jedes einzelne Organ mit. Doch man büßt schwer dafür mit Krankheiten wie Rheumatismus, Arthritis und Nervenentzündung, denn »saure« Gedanken erzeugen saures Blut. Und dieser ganze Ärger kommt nur dadurch zustande, daß wir den Kampf unbedingt selbst austragen müssen, statt ihn dem »langen Arm« Gottes zu überlassen.

Folgenden Satz habe ich vielen meiner Schüler nahegelegt: *Der lange Arm Gottes ruht schützend über uns Menschen und unserem Leben, er wird auch diese Situation lenken und meine Interessen schützen.* Dadurch wird die Vorstellung eines langen Armes erzeugt, der Stärke und Schutz symbolisiert. Wer die Macht dieses langen Armes erkennt, wird sich nicht länger widersetzen und zürnen. Man wird sich vielmehr entspannen und von den Dingen ablassen. Die feindlichen Gedanken in unserem Inneren werden zerstört und folglich werden sich die ungünstigen Bedingungen auflösen. Geistige Entwicklung bedeutet auch, daß man die Fähigkeit entwickelt, stillzuhalten oder beiseite zu treten, um es der Unendlichen Intelligenz zu überlassen, unsere Bürden zu tragen oder unsere Kämpfe auszutragen. Wenn die Last erst von uns genommen ist, durchströmt uns ein Gefühl der Erleichterung! Man wird seinen Mitmenschen freundlich gegenübertreten und alle Körperorgane beginnen, einwandfrei zu funktionieren.

In einem Zitat von Albert Edward Day, Doktor der Theologie, heißt es: »Es ist weit und breit bekannt, daß sich die Liebe, die wir unseren Feinden entgegenbringen, positiv auf unsere geistige Gesundheit auswirkt. Die Tatsache aber, daß eine negative Einstellung und ›giftige‹ Gefühle die physische Gesundheit zerstören, ist eine verhältnismäßig neue Entdeckung. Gesundheitliche Probleme haben oft einen emotionalen Ursprung. Wer immer wieder falsche Emotionen hegt, setzt damit seine Gesundheit gewaltig auf's Spiel. Wenn der Pfarrer auf der Kanzel davon spricht, man solle seine Feinde lieben, neigen die meisten von uns dazu, dies als unzumutbar und fromm von sich zu weisen. Doch tatsächlich ist das, was der Prediger uns über die Liebe zu unseren Feinden lehrt, eines der wichtigsten Gesetze, sowohl der Gesundheitspflege als auch der Ethik. Kein Mensch kann es sich leisten – gerade wegen seines körperlichen Wohlbefindens – dem Haß zu frönen. Denn er hat dieselbe Wirkung wie eine wiederholte Verabreichung von kleinen Giftmengen. Wenn Sie das dringende Bedürfnis spüren, Ihre Angst loszuwerden, dann geschieht dies nicht, weil Sie auf einen verträumten Idealisten hören, sondern weil Sie einen Rat befolgen, der für die Gesundheit ebenso wichtig ist wie eine gute Ernährungsberatung.«

Man hört so viel über ausgewogene Ernährung, doch wer geistig unausgeglichen ist, tut sich auch schwer, die aufgenommene Nahrung zu verdauen – Kalorien hin, Kalorien her.

Es ist eine wahre Kunst, keinen Widerstand zu leisten. Doch wenn Sie es geschafft haben, gehört die Welt Ihnen! Die meisten Menschen versuchen, etwas zu erzwingen. Doch dauerhaftes Glück wird sich niemals einstellen, wenn man versucht, es durch persönlichen Willen zu erzwingen.

> »Flieh vor allem, was dir entflieht,
> Suche nichts, denn das Glück sucht dich.
> Sieh nur, sein Schatten auf dem Boden!
> Sieh nur, es steht vor der Tür!«

Ich kenne den Autor dieser Zeilen nicht. Auf die Frage, wie es ihm gelungen ist, seine enorme Geschwindigkeit und Ausdauer beim Laufen zu erreichen, gab Lovelock, der gefeierte englische Athlet, folgende Antwort: »Ich habe gelernt, mich zu entspannen.« Versuchen auch wir, in unseren Handlungen diese Ruhe zu erlangen. Je entspannter er war, desto schneller lief er.

Immer wenn man es am wenigsten erwartet, ergibt sich eine gute Gelegenheit oder ein großer Erfolg. Man muß nur genügend Geduld haben und darauf warten, daß das wunderbare Gesetz der Anziehung seine Wirkung zeigt. Sie werden niemals einen besorgten oder ängstlichen Magneten sehen. Er steht stramm und sorgt sich um nichts in der Welt, denn er weiß genau, daß die Nadeln nicht umhin können, angezogen zu werden. Was wir wirklich wünschen, geschieht, sobald wir keinen Druck mehr ausüben.

In meinem Fernunterricht lehre ich folgendes: »Achtet darauf, daß ihr den Wunsch eures Herzens nicht zu einem Leiden des Herzens macht.« Denn wenn man zu heftig nach etwas verlangt, ist man vollkommen entmagnetisiert. Als Folge daraus macht man sich Sorgen, ängstigt und quält sich. Es gibt das magische Gesetz der Gleichgültigkeit: *Mich kann nichts aus der Ruhe bringen. Deine Schiffe laufen ein, doch du kümmerst dich nicht um den Seegang*.

Viele Menschen, die sich intensiv mit der Wahrheit befassen, bringen Freunde gegen sich auf, denn sie sind zu sehr darauf erpicht, daß auch andere Bücher darüber lesen oder Vorlesungen besuchen. Dabei treffen sie auf Widerstand. Eine Freundin nahm mein Buch *DasLebensspiel und seine mentalen Regeln* mit zu ihrem Bruder, damit seine Familie es lesen kann. Die jungen Männer der Familie weigerten sich, es zu lesen. Sie sagten, das »Zeug« sei nichts für sie. Einer von ihnen war Taxifahrer. Eines Nachts mußte er mit dem Taxi eines Kollegen fahren. Als er das Auto überprüfte, fand er ein Buch, das jemand vergessen hatte. Es hieß *Das Lebensspiel und seine mentalen Regeln*. Am nächsten Tag sagte er zu seiner Tante: »Letzte Nacht fand ich Mrs. Shinns Buch im Taxi. Ich las es und es ist großartig! Es stehen einige sehr gute Sachen darin. Warum schreibt sie nicht noch ein Buch?« Wenn Gott seine Wunder vollbringt, tut er das oft auf Umwegen.

Ich lerne fast nur unglückliche Menschen kennen, ganz selten treffe ich dankbare und zufriedene Leute. Eines Tages sagte ein Mann zu mir: »Ich habe allen Grund, dankbar zu sein. Ich bin gesund, besitze genug Geld und bin noch ledig!« Der 89. Psalm ist hier sehr interessant, denn es handelt sich dabei um ein Zwiegespräch zwischen dem Mann, der den Psalm singt (denn alle Psalmen sind Lieder oder Gedichte), und dem Herrn der Heerscharen, der ihm antwortet. Es ist ein Lob- und Dankesgesang, in dem der starke Arm Gottes gepriesen wird: »Gepriesen sei der Herr in Ewigkeit! Oh Herr, Gott der Heerscharen, wer ist wie du? Du hast einen Arm mit Heldenkraft, stark ist deine Hand, deine Rechte hocherhoben.« Dann antwortet der Herr der Heerscharen: »Auf daß meine Hand beständig mit ihm sei; auch soll mein Arm ihm Stärke verleihn. Auf ewig will ich ihm meine Huld bewahren, und mein Bund soll fest ihm bleiben.«

Man liest die Worte »auf ewig« nur in der Bibel und in Märchen. Der Mensch ist fern von Zeit und Raum. Sein Glück währt »von Ewigkeit zu Ewigkeit«. Unsere Märchen sind meist Überlieferungen von den alten persischen Legenden, die auf »Wahrheit« beruhen. Aladin und die Wunderlampe enthält zum Beispiel eine bildhafte Darstellung von der Macht der Worte. Aladin reibt die Lampe und all seine Wünsche erfüllen sich. Deine Worte sind deine Lampe. Worte und Gedanken besitzen eine Art Radioaktivität und kehren nie ohne Wirkung zurück. Ein Wissenschaftler hat gesagt, Worte seien in Licht gekleidet. Wir ernten ständig die Früchte unserer Worte.

Bei einer unserer Zusammenkünfte brachte ein Freund einen Mann mit, der schon seit einem Jahr ohne Arbeit war. Ich riet ihm, folgende Worte zu sprechen: *Jetzt ist der Zeitpunkt gekommen. Heute ist der Tag meines überraschenden Glücks.* Da »klickte« es in seinem Bewußtsein. Bald darauf fand er eine Stelle und verdiente sehr viel Geld.

Einmal erinnerte sich eine Frau daran, ich hätte bei der Segnung einer Spende gesagt, daß jede Spende tausendfach zurückkehrt. Sie hatte eine Mark in die Kollekte gelegt. Mit großer Überzeugung sprach sie: »Diese Mark sei gesegnet und bringe tausend Mark zurück.« Kurze Zeit später erhielt sie auf höchst unerwartete Weise tausend Mark.

Warum gelingt es manchen Menschen, diese Wahrheit so viel schneller zu demonstrieren als anderen? Der Grund dafür ist, daß sie mit ihren Ohren mehr hören können als andere. Jesus Christus erzählte das Gleichnis von dem Mann, der Samen aussäte; sein Samen fiel auf fruchtbaren Boden. Der Samen symbolisiert das Wort. Ich sage: »Hör' auf Worte, die sich einprägen; Worte, die eine lebendige Vorstellung hervorrufen. Denn solche Worte werden Früchte tragen.«

Neulich ging ich in ein Geschäft, dessen Inhaber ich gut kenne. Einem seiner Angestellten hatte ich eine Karte mit Bejahungen gegeben. Im Spaß sagte ich nun zu ihm: »Für dich würde ich keine solche Karte verschwenden, du würdest sie bestimmt nicht nutzen.« Er antwortete: »Aber natürlich, gib' mir eine. Ich werde sie nutzen.« In der darauffolgenden Woche gab ich ihm die Karte. Als ich gerade gehen wollte, stand er auf und sagte aufgeregt: »Ich sprach eine Bejahung und zwei neue Kunden kamen in den Laden.« Sie lautete: *Jetzt ist der Zeitpunkt gekommen. Heute ist der Tag meines überraschenden Glücks.* Und es machte »klick«.

Es gibt so viele Menschen, die sich in übertriebenen und leichtsinnigen Behauptungen äußern. In Schönheitssalons finde ich immer jede Menge Stoff für meine Vorträge. Ich erlebte zum Beispiel ein junges Mädchen, das etwas zu lesen wollte und folgende Worte zu der Kosmetikerin sagte: »Geben Sie mir etwas ganz Neues und schrecklich Aufregendes.« Doch im Grunde wollte sie nur das neueste Kinomagazin. Man hört oft jemanden sagen: »Ich wünschte, es würde etwas furchtbar Aufregendes passieren.« Damit aber riskiert man, eine unglückliche – wenn auch aufregende – Erfahrung zu machen. Später stellt man sich die Frage, warum gerade das passiert ist.

Es sollte an allen Universitäten einen Lehrstuhl für Metaphysik geben. In der Metaphysik liegt die Weisheit aller Zeitalter verborgen. Diese uralte Weisheit wurde schon durch all die Jahrhunderte in Indien, Ägypten und Griechenland gelehrt. Hermes Trismegistos war ein bedeutender ägyptischer Gelehrter. Seine Lehren wurden streng gehütet und über zehn Jahrhunderte hinweg bis zu uns überliefert. Er lebte in jenen Tagen in Ägypten, als sich die Menschheit noch in den Anfängen der Zivilisation befand – so wie wir sie heute kennen. Doch wenn man den »Kybalion« sorgfältig liest, findet man darin genau dasselbe, was auch heutzutage gelehrt wird. Er sagte zum Beispiel, daß jeder geistige Zustand von Vibrationen begleitet ist. Man verbindet mit den Gedanken, das, was man fühlt; laßt uns also die Schwingung von Erfolg, Glück und Überfluß fühlen. Jetzt ist der Zeitpunkt gekommen. Heute ist der Tag meines überraschenden Glücks.

Die Straßengabelung

»Wählt euch heute aus, wem ihr dienen wollt.« (Josua 24,15)

Jeden Tag haben wir die Qual der Wahl (eine Gabelung der Straße). »Soll ich es so machen oder so? Soll ich gehen oder bleiben?« Viele Menschen wissen nicht, wie sie sich entscheiden sollen. Sie drängen andere dazu, Entscheidungen für sie zu treffen, und bereuen es anschließend, daß sie deren Ratschlag angenommen haben.

Wieder andere haben die Gewohnheit, alles ganz sorgfältig zu durchdenken. Sie wägen jede Situation auf's Genaueste ab, und sind ganz erstaunt, wenn sie ihr Ziel dennoch verfehlen. Dann gibt es wieder andere, die dem magischen Pfad der Intuition folgen und ehe sie sich versehen, finden sie sich in dem ihnen verheißenen Land wieder.

Die Intuition ist eine geistige Fähigkeit, die weit

über der Vernunft steht, doch auf diesem Pfad findet man all das, was man sich wünscht oder erbittet.

In meinem Buch *Das Lebensspiel und seine mentalen Regeln* sind viele Beispiele darüber enthalten, wie man zu Erfolg gelangt, indem man Gebrauch von dieser wunderbaren Fähigkeit macht. Es heißt darin, daß man sich Beten so vorstellen kann, als würde man mit Gott telefonieren, wenn Gott antwortet, äußert sich das in einer Intuition. Entscheiden wir uns also heute dafür, dem Pfad der Intuition zu folgen!

In meinen Frage-und-Antwort-Kursen spreche ich oft darüber, wie man die Intuition pflegt. In den meisten Fällen ist die Fähigkeit zur Intuition zwar vorhanden, doch sie wurde nie geweckt. Sagen wir uns folgendes: *Erwache, der du schläfst. Erkenne die Zeichen und werde dir deiner Ahnungen bewußt. Werde dir klar darüber, daß Gott in deinem Inneren wohnt!* Claude Bragdon sagte: »Intuitiv leben bedeutet, in der vierten Dimension zu leben.«

Immer wenn sich der Weg zweigt, ist es notwendig, eine Entscheidung zu treffen. Bitte um einen klaren, unmißverständlichen Hinweis, und du wirst ihn bekommen. Im Buche Josua finden wir einige Stellen, die man metaphysisch deuten kann. »Nach Moses Tod erhielt Josua den göttlichen Befehl: ›Wohlan, ziehe hinüber über den Jordan als Führer dieses ganzen Volkes, in das Land, das ich ihnen geben will. Jegliche Stätte, die eure Fußsohle betritt, gebe ich euch.‹«

Die Fußsohlen sind das Symbol für Verständnis, metaphysisch interpretiert heißt das, alles, was wir verstehen, ist tief in unserem Bewußtsein verankert, und was in uns verwurzelt ist, kann uns niemand nehmen.

In der Bibel heißt es weiter: »Keinem soll es gelingen, vor dir zu stehen, solange du lebst ... ich lasse nicht von dir ab und verlasse dich nicht. Sei nur du stark und mutig, um die Weisung, die Moses, mein Knecht, dir anbefohlen hat, zu erfüllen: Weiche nicht davon ab, nicht zur Rechten und nicht zur Linken, damit du Erfolg hast, wo immer du gehst.« Auch wir werden erkennen, daß wir erfolgreich sind, indem wir stark und mutig den mentalen Gesetzen folgen. So wären wir wieder bei der »Straßengabelung« – und der Notwendigkeit, eine Wahl zu treffen. »Wählt heute aus, wem ihr dienen wollt«, dem Verstand oder der göttlichen Führung.

Ein berühmter Mann, der großen Einfluß in der Finanzwelt ausübte, sagte zu einem Freund: »Ich folge immer meiner Intuition und ich bin das personifizierte Glück.«

Inspiration (was soviel wie göttliche Führung bedeutet) ist die wichtigste Sache im Leben. Die Menschen besuchen Kurse, um die Wahrheit herauszufinden, um zu lernen, ihrer Intuition zu folgen. Ich glaube, daß Gottes Taten bei der Wahl der richtigen Worte in Kraft treten und unsere Angelegenheiten regeln.

Eine Frau kam zu mir, da sie sich in einer schwierigen Lage befand. Ich sagte zu ihr: »Lassen Sie einfach Gott mit dieser Situation jonglieren.« Es »klickte« und sie prägte sich folgenden Satz ein: *Ich lasse nun Gott mit dieser Situation jonglieren*. Fast unmittelbar darauf hatte sie die Möglichkeit, ein Haus zu mieten, das schon seit längerer Zeit leer stand.

Lassen Sie Gott mit jeder schwierigen Situation jonglieren, denn wenn Sie es selbst versuchen, riskieren Sie, alle Bälle fallen zu lassen.

In meinen Frage- und Antwort-Kursen wurde mir oft folgende Frage gestellt: »Wie läßt man Gott mit einer Situation jonglieren, und was meinen Sie damit, wenn Sie sagen, man sollte es nicht selbst versuchen?« Man jongliert zu viel mit dem Verstand. Vom Verstand her würde man etwa sagen: »Es herrschen schlechte Zeiten und es besteht wenig Aussicht darauf, ein Haus zu finden. Vor dem nächsten Herbst gibt es nichts zu erwarten.« Doch was die mentalen Gesetze betrifft, existiert nur das ›Jetzt‹. Noch ehe man bittet, kommt die Antwort, denn Zeit und Raum sind nichts als ein Traum, und das Glück wartet nur darauf, durch unseren Glauben und unser Wort wahr zu werden. »Wählt euch heute aus, wem ihr dienen wollt«, der Furcht oder dem Glauben.

Jede Handlung, die aus Furcht entsteht, ist bereits zum Scheitern verurteilt. Es ist viel Stärke und Mut erforderlich, um auf Gott zu vertrauen. Oftmals vertrauen wir ihm bei den kleinen Dingen, doch wenn es sich um ein wichtiges Problem handelt, glauben wir, uns selbst darum kümmern zu müssen; das führt dann zu Niederlagen und Mißerfolgen.

Folgender Auszug eines Briefes, den ich von einer Frau aus dem Westen erhielt, zeigt, wie schnell sich Dinge ändern können. »Ich hatte das Vergnügen, Ihr wundervolles Buch *Das Lebensspiel und seine mentalen Regeln* zu lesen. Ich habe vier Jungs im Alter von zehn, dreizehn, fünfzehn und siebzehn Jahren. Die Dame, die mir ihr Exemplar lieh, gab mir noch andere Bücher zu lesen, doch hatte Ihr Buch eine magnetische Wirkung, und ich konnte es nicht mehr weglegen. Nachdem ich es gelesen hatte, stellte ich fest, daß ich zwar immer versucht hatte, göttlich zu leben, daß ich aber die Gesetze nie verstanden hatte, denn sonst wäre ich schon viel weitergekommen. Zuerst dachte ich, es sei ziemlich schwierig, einen Platz in der Berufswelt zu finden, nachdem man so viele Jahre nur Mutter war. Doch ich merkte mir den Satz: *Gott zeigt einen Weg, wo keiner ist.* Und genau das tat er für mich. Nun bin ich sehr dankbar für meine Position und lächle, wenn die Leute sagen, ›wie schaffst du es, für vier heranwachsende Jungs und einen Haushalt zu sorgen, nachdem du so viel Zeit im Krankenhaus mit diesen schweren Operationen verbracht hast und keinen Angehörigen in der Nähe hast?«

Der Satz *Gott zeigt einen Weg, wo keiner ist* steht in meinem Buch geschrieben. Gott zeigte ihr einen

Weg in der Berufswelt, obwohl all ihre Freunde dies für unmöglich hielten.

Ein Großteil der Menschen hält die meisten Dinge für unmöglich. Neulich erlebte ich ein Beispiel dafür. In einem Laden entdeckte ich eine entzückende kleine, silberne Filterkanne, mit der man jeweils eine Tasse Kaffee zubereiten konnte. Ich zeigte sie voller Begeisterung meinen Freundinnen, weil ich sie so niedlich fand, doch die eine sagte: »Das wird nie richtig funktionieren«, und die andere: »Wenn sie mir gehören würde, würde ich sie wegwerfen.« Doch ich setzte mich für die kleine Filterkanne ein und war sicher, daß sie funktionieren würde, was sie auch tat.

Meine Freundinnen sind beispielhaft für den Großteil der Menschen, der sagt: »Das ist nicht möglich.« Alle guten Ideen stoßen zunächst auf Widerstand. Laß' nicht zu, daß andere Menschen dein Vorhaben gefährden. Folge dem Pfad der Weisheit und des Verstehens, »und weiche nicht davon ab, weder zur Rechten noch zur Linken, damit du auf all deinen Wegen erfolgreich bist.«

Im Buch Josua, Kapitel vierundzwanzig, Vers dreizehn, finden wir eine bemerkenswerte Aussage: »So habe ich euch ein Land gegeben, um das du dich nicht hast zu mühen brauchen, und Städte, in denen ihr jetzt wohnt, ohne sie gebaut zu haben; von Weinbergen und Ölbaumgärten, die ihr nicht angelegt habt, genießt ihr die Früchte.« Dies zeigt, daß der Mensch sich nichts verdienen kann, sondern daß unser Glück ein Geschenk ist. (Geschenke, mit denen man nicht prahlen soll). Wer reich wird, sollte diesen Reichtum als Geschenk betrachten. Wer erfolgreich ist, sollte den Erfolg als Geschenk betrachten, denn Erfolg und Überfluß sind Ausdruck von Geisteszuständen.

»Denn der Herr, unser Gott, war es, der uns und unsere Väter fortgeführt hat aus dem Land Ägypten, aus dem Haus der Knechtschaft.« Das Land Ägypten steht für Dunkelheit – das Haus der Knechtschaft: Wenn der Mensch ein Sklave seiner Zweifel und Ängste ist und an Mangel und Einschränkung glaubt, ist es das Resultat davon, daß man der falschen Wegzweigung gefolgt ist.

Unglück ist darauf zurückzuführen, daß man sich nicht an Dinge hält, die uns der Geist durch Intuition offenbart. Alle bedeutenden Dinge wurden von Leuten vollbracht, die an ihren guten Ideen festhielten. Henry Ford war über vierzig, als ihm die Idee kam, den Ford zu bauen. Er hatte große Schwierigkeiten, das nötige Geld dafür zu beschaffen. Seine Freunde hielten es für eine verrückte Idee. Sein Vater sagte unter Tränen zu ihm: »Henry, warum gibst du einen anständig bezahlten Job auf, um einer verrückten Idee nachzujagen?« Doch niemand konnte Henry Fords Vorhaben gefährden.

Wir müssen also die richtigen Entscheidungen treffen, um dem Land Ägypten – dem Haus der Knechtschaft zu entfliehen. Folge der richtigen

Wegzweigung. »Nur sei ganz mutig und stark, um die Weisung, die mein Knecht Moses dir befohlen hat, zu beachten und zu erfüllen. Weiche davon nicht ab, weder nach rechts noch nach links, damit du auf all deinen Wegen erfolgreich bist.«

Wenn Sie heute an die Straßengabelung kommen, folgen Sie ohne Furcht der Stimme der Intuition. In der Bibel heißt sie »die stille, kleine Stimme.« »Hinter mir ertönt eine Stimme, die sagt: ›Das ist der Weg, folge ihm‹.« Auf diesem Pfad finden wir das Glück, das schon auf uns wartet. Wir finden »das Land, um das ihr euch nicht zu mühen braucht, und Städte, in denen ihr jetzt wohnt, ohne sie gebaut zu haben; von Weinbergen und Ölbaumgärten, die ihr nicht angelegt habt, genießt ihr die Früchte.«

Von Gott geleitet, folge ich der richtigen Wegzweigung. Gott zeigt einen Weg, wo kein Weg ist.

Die Überquerung deines Roten Meeres

»Befiehl den Israeliten aufzubrechen.« (2. Mose 14,15)

Eine der wohl dramatischsten Geschichten in der Bibel ist die Episode, wie die Kinder Israels das Rote Meer überqueren. Moses führte sie aus Ägypten, wo sie in Knechtschaft und Sklaverei gehalten wurden. Sie wurden von den Ägyptern verfolgt.

Wie die meisten Menschen, hatten auch die Kinder Israels keine Freude daran, Gott zu vertrauen; statt dessen beklagten sie sich. Sie sprachen zu Moses: »Haben wir dir nicht schon in Ägypten aufs Bestimmteste erklärt: ›Laß uns in Ruhe! Wir wollen den Ägyptern dienen‹? Denn besser wäre es für uns, den Ägyptern zu dienen, als hier in der Wüste zu sterben.« »Da entgegnete Mose dem Volke:

»Fürchtet euch nicht! Haltet nur stand, so werdet ihr sehen, welche Rettung euch der Herr heute noch schaffen wird: Denn wie ihr die Ägypter heute seht, werdet ihr sie in alle Ewigkeit nicht wieder sehen. Der Herr wird für euch streiten; verhaltet ihr euch nur ruhig!‹«

Man könnte sagen, daß Mose den Kindern Israels den Glauben »eingehämmert« hat. Sie zogen es vor, weiterhin Sklaven der alten Zweifel und Ängste zu sein (denn Ägypten steht für Dunkelheit), statt den gewaltigen Schritt zum Glauben zu machen und die Wüste zu durchqueren, um in ihr Gelobtes Land zu gelangen. Tatsächlich muß jeder erst eine Wüste durchwandern, ehe er sein »Gelobtes Land« erreicht.

Die alten Zweifel und Ängste lagern um uns herum, doch es wird immer jemanden geben, der uns befiehlt, weiterzugehen! Es wird immer einen Moses geben auf unserem Pfad. Oft ist es ein Freund, manchmal auch Intuition! »Der Herr sprach zu Moses: ›Warum schreist du zu mir. Befiehl den Israeliten aufzubrechen! Du aber hebe deinen Stab empor und strecke deine Hand über das Meer aus und spalte es, damit die Israeliten mitten durch das Meer hindurch auf trockenem Boden gehen können!‹ Als dann Mose seine Hand über das Meer ausstreckte, drängte der Herr das Meer durch einen starken Ostwind die ganze Nacht hindurch zurück und legte den Meeresboden trocken, und die Wasser spalteten sich. So gingen denn die Israeliten trockenen Fußes mitten durch das Meer, während die Wasser ihnen wie eine Mauer zur Rechten und zur Linken standen. Die Ägypter aber eilten ihnen nach und zogen hinter ihnen her, alle Rosse des Pharao, seine Wagen und seine Reiter, mitten ins Meer hinein. Da gebot der Herr dem Mose: ›Strecke deine Hand über das Meer aus, damit die Wasser auf die Ägypter, auf ihre Wagen und ihre Reiter zurückströmen. So streckte denn Mose seine Hand über das Meer aus; da kehrte das Meer bei Tagesanbruch in sein altes Bett zurück, während die Ägypter ihm gerade entgegen flohen; und der Herr stürzte die Ägypter mitten ins Meer hinein. Denn als die Wasser zurückgeströmt waren, bedeckten sie die Wagen und die Reiter der ganzen Heeresmacht des Pharao, die hinter ihnen her ins Meer gezogen waren, so daß auch nicht einer von ihnen am Leben blieb.«

Vergessen wir nicht, daß in der Bibel immer der einzelne gemeint ist. Es geht dabei um deine Wüste, dein Rotes Meer, und dein Gelobtes Land. Jeder einzelne von uns hat ein Gelobtes Land, einen Herzenswunsch, doch wir befanden uns so lange in der Sklaverei der Ägypter (unserer negativen Gedanken), daß es uns viel zu weit entfernt erscheint und zu schön, um wahr zu sein. Die meisten halten den Vorschlag, auf Gott zu vertrauen, für zu riskant. Die Wüste könnte sich als noch schlimmer erweisen als die Ägypter. Und wie weiß man, ob das Gelobte Land auch wirklich existiert? Die Vernunft wird sich immer für die Ägypter einsetzen. Doch früher oder später sagt etwas in uns, wir sollten aufbrechen. Meist sind es irgendwelche Umstände, die uns dazu treiben.

Wie hier am Beispiel einer meiner Schülerinnen: Sie ist eine hervorragende Pianistin und hatte große Erfolge im Ausland. Sie kehrte mit einem Heft voller Zeitungsausschnitte und einem glücklichen Herzen zurück. Ein Verwandter hatte Interesse an ihrer Kunst und erklärte sich bereit, eine Konzerttournee zu finanzieren. Sie suchten also einen Manager, der sich um die Ausgaben und die Engagements kümmerte. Bereits nach ein oder zwei Konzerten war kein Geld mehr da. Der Manager hatte alles ausgegeben. Meine Freundin saß auf dem Trockenen und blieb traurig und enttäuscht zurück. Das war ungefähr in der Zeit, als sie zu mir kam. Sie haßte den Mann und es machte sie ganz krank. Da sie fast kein Geld mehr besaß, konnte sie sich nur ein ungemütliches Zimmer leisten, so daß ihre Hände oft zu kalt zum Üben waren. So befand sie sich also in der Knechtschaft der Ägypter – Haß, Groll, Armut und Entbehrung. Jemand brachte sie mit zu einer meiner Zusammenkünfte, und sie erzählte mir ihre Geschichte. Ich sagte: »In erster Linie mußt du damit aufhören, diesen Mann zu hassen. Erst wenn du in der Lage bist, ihm zu vergeben, wird der Erfolg zurückkehren. Du machst den ersten Schritt, indem du vergibst.«

Es war scheinbar eine schwierige Aufgabe, doch

sie versuchte es und kam regelmäßig zu all meinen Treffen. In der Zwischenzeit hatte der Verwandte einen Rechtsstreit begonnen, um das Geld wiederzubekommen. Die Zeit verging, doch der Fall kam niemals vor Gericht. Meine Freundin hatte nun den Wunsch, nach Kalifornien zu gehen. Die Situation belastete sie nicht mehr und sie hatte dem Mann verziehen. Plötzlich, nach ungefähr vier Jahren, erfuhr sie, daß der Fall nun doch vor Gericht kommen sollte. Sie rief mich gleich nach ihrer Ankunft in New York an und bat mich, für Gerechtigkeit zu beten. Sie trafen sich also zum festgesetzten Termin und es konnte alles außergerichtlich geregelt werden, indem der Mann sich bereit erklärte, das Geld in monatlichen Raten zurückzuzahlen. Sie kam überglücklich vor Freude zu mir und sagte: »Ich verspürte nicht die geringste Wut auf den Mann. Er war erstaunt, als ich ihn freundlich grüßte.« Der Verwandte entschied, daß das ganze Geld an meine Freundin gehen sollte, so hatte sie bald ein stattliches Bankkonto.

Nun wird sie rasch in ihr Gelobtes Land kommen. Sie konnte dem Haus der Knechtschaft entkommen (Haß und Wut) und überquerte ihr Rotes Meer. Ihr guter Wille dem Mann gegenüber bewirkte, daß sich das Meer teilte und sie trockenen Fußes hindurchgehen konnte. Trockener Boden ist das Symbol für »festen Boden unter den Füßen«, die Füße symbolisieren Verständnis.

Moses war sicher eine der wichtigsten Figuren in

der biblischen Geschichte. »Moses hatte die Eingebung, mit seinem Volk aus Ägypten auszuziehen. Die Aufgabe, die vor ihm lag, bestand nicht nur darin, sich dem Unwillen des Pharao zu widersetzen, der sich weigerte, seine gewinnbringenden Sklaven ziehen zu lassen, sondern auch darin, sein Volk zur offenen Rebellion anzuspornen, das durch die Unterdrückung seine Kraft zur Eigeninitiative verloren hatte. Um dieser Aufgabe gerecht zu werden, bedurfte es einer außergewöhnlichen Fähigkeit, die Moses durch Selbstaufopferung und den Mut seiner Überzeugung erlangte. Es heißt, er sei der demütigste Mensch gewesen. Man hört oft den Ausdruck ›demütig wie Moses‹. Er befolgte die Gebote Gottes mit solcher Demut, daß er zu einem der stärksten Menschen wurde.

Der Herr sprach zu Mose: »Du aber hebe deinen Stab empor und strecke deine Hand über das Meer aus und spalte es, damit die Israeliten mitten durch das Meer hindurch auf trockenem Boden gehen können!« So gebot er den Kindern Israels ohne jeden Zweifel: »Macht euch auf den Weg.« Es war äußerst gewagt, eine Menschenmenge einfach ins Meer zu führen, im vollkommenen Glauben daran, daß sie nicht ertrinken würden. Stellen Sie sich dieses Wunder vor!

». . . der Herr drängte das Meer durch einen starken Ostwind die ganze Nacht hindurch zurück und legte den Meeresboden trocken, und die Wasser spalteten sich.«

Nun stellen Sie sich vor, daß gerade heute dasselbe auch Ihnen passieren könnte. Denken Sie an Ihre Probleme. Vielleicht haben Sie Ihre Eigeninitiative verloren, indem Sie zu lange als Pharaos Sklave gelebt haben – (als Sklave Ihrer eigenen Zweifel, Ängste und Mutlosigkeit). Befehlen Sie sich selbst: *Mach' Dich auf den Weg*. ... der Herr drängte das Meer durch einen starken Ostwind zurück.

Wir müssen uns diesen Ostwind in Form einer einprägsamen Bejahung vorstellen. Nehmen Sie dazu eine Aussage der Wahrheit. Sollten Sie zum Beispiel Geldsorgen haben, dann sagen Sie sich folgendes: *Meine Versorgung kommt von Gott und ich werde nun große finanzielle Überraschungen erleben, auf gnadenvolle und vollkommene Art und Weise*. Diese Aussage ist sehr wirkungsvoll, denn sie beinhaltet das Element des Mysteriums.

Wir wissen, daß Gott auf mystische Weise wirkt, wenn er seine Wunder vollbringt. Man könnte auch sagen, auf überraschende Weise. Indem Sie Ihre Aussage zur Versorgung machen, bewirken Sie, daß der Ostwind bläst.

Gehen Sie also den Weg zu Ihrem Roten Meer, fort von Armut und Einschränkung; damit ist gemeint, daß Sie etwas unternehmen, um Ihre Furchtlosigkeit zu zeigen. Ich erzähle nun die Geschichte von einer Schülerin, die eine Einladung bekam, um Freunde in einem sehr feudalen Urlaubsort zu besuchen. Sie hatte lange Zeit auf dem Land verbracht und so zugenommen, daß ihr nichts mehr außer ihrem Pfadfinderkostüm paßte. Plötzlich bekam sie diese Einladung. Das bedeutete Abendkleider, schöne Schuhe und Accessoires – doch all diese Dinge besaß sie nicht und sie hatte auch nicht das Geld, um sie zu kaufen. Sie kam zu mir und ich sagte ihr: »Was für ein Gefühl hast du?« Sie antwortete: »Ich spüre überhaupt keine Furcht. Ich habe trotz allem Lust zu fahren.« Also preßte sie sich in irgendein Kleid für die Reise und fuhr.

Als sie bei ihren Freunden angekommen war, wurde sie aufs herzlichste begrüßt, und ihre Gastgeberin sagte etwas verlegen: »Vielleicht wird dich das, was ich getan habe, kränken, aber ich habe ein paar Abendkleider und Schuhe, die ich nie trage, in dein Zimmer gelegt. Könntest du sie vielleicht brauchen?« Meine Freundin versicherte daraufhin, daß sie darüber sehr erfreut sei – und alles paßte perfekt. Sie hatte in der Tat ihr Rotes Meer erreicht und es auf trockenem Boden durchquert.

Die Wasser meines Roten Meeres gehen zurück, und ich durchquere es auf trockenem Boden; ich mache mich nun auf den Weg zu meinem Gelobten Land.

Der Wächter am Tor

»Dann habe ich Wächter über euch bestellt und euch gemahnt: Merkt auf den Schall der Trompete!« (Jeremia 6,17)

Wir alle brauchen einen Wächter am Tor unserer Gedanken. Dieser Wächter am Tor ist das Höhere Bewußtsein. Wir besitzen die Macht über unsere Gedanken und können sie auswählen.

Da wir seit Tausenden von Jahren im Gang unserer Gedanken leben, scheint es fast unmöglich, sie zu kontrollieren. Sie rasen wie in Panik versetzte Rinder oder Schafe durch unseren Geist. Doch ein einziger Schäferhund kann die erschreckten Schafe wieder bändigen und in die Herde zurückführen.

In der Wochenschau sah ich einen Film über einen Schäferhund, der eine Schafherde beaufsichtigte. Er hatte alle eingekreist, bis auf drei Schafe. Diese drei leisteten Widerstand und waren sehr aufgeregt. Sie schrien und erhoben aus Protest ihre Vorderpfoten, doch der Hund setzte sich einfach vor sie und ließ sie nicht mehr aus den Augen. Er bellte nicht, noch drohte er. Er saß einfach nur da und beobachtete sie. Nach einer Weile warfen die Schafe den Kopf in die Höhe und kehrten zur Herde zurück.

Wir können lernen, unsere Gedanken auf die gleiche Weise zu beherrschen, mit geduldiger Bestimmtheit, jedoch nicht mit Zwang. Wir suchen nach einer Bejahung und wiederholen sie immer wieder, während sich unsere Gedanken austoben. Es gelingt zwar nicht immer, die Gedanken unter Kontrolle zu bringen, dafür aber die Worte, und da sich Wiederholungen dem Unterbewußtsein einprägen, werden wir so Herr der Situation.

Im sechsten Kapitel Jeremia lesen wir folgendes: »Dann habe ich Wächter über euch bestellt und euch gemahnt: ›Merkt auf den Schall der Trompete!‹«

Wieviel Erfolg und Glück man im Leben hat, hängt von dem Wächter am Tor unserer Gedanken ab, denn Gedanken nehmen früher oder später Form an und treten an die Oberfläche. Viele Leute denken, eine negative Situation verschwindet, indem man vor ihr davonläuft, doch genau derselben Situation werden sie auf all ihren Wegen immer wieder gegenüberstehen. Sie werden immer wieder die gleichen Erfahrungen machen, solange, bis sie ihre Lektionen gelernt haben. Dies kommt in dem

Film *Der Zauberer von Oz* sehr gut zum Ausdruck. Das kleine Mädchen Dorothy ist sehr unglücklich, weil die gemeine Frau im Dorf ihr den Hund Toto wegnehmen will. Verzweifelt geht sie zu ihrer Tante Em und ihrem Onkel Henry, um sich ihnen anzuvertrauen, doch beide sind zu beschäftigt, um zuzuhören, und schicken sie weg. Sie sagt zu Toto: »Irgendwo gibt es einen wundervollen Ort, hoch über den Wolken, wo jeder glücklich ist und keiner gemein.« Wie gerne wäre sie dort! Plötzlich kommt ein Wirbelsturm und hebt sie und Toto in die Luft, sie schweben hoch in den Himmel und landen im Land von Oz.

Zuerst scheint es, als wäre dort alles wunderbar, doch bald macht sie die gleichen alten Erfahrungen. Die gemeine alte Frau vom Dorf hat sich in eine schreckliche Hexe verwandelt und versucht noch immer, ihr Toto wegzunehmen. Sie wünscht sich sehr, wieder zurück in Kansas zu sein. Man sagt ihr, sie soll den Zauberer von Oz suchen. Er sei allmächtig und würde ihre Bitte erfüllen.

Also macht sie sich auf den Weg, um seinen Palast in der Stadt Emerald zu finden. Unterwegs trifft sie eine Vogelscheuche, die sehr unglücklich ist, weil sie keinen Verstand besitzt. Sie begegnet einem Mann aus Blech, der sehr unglücklich ist, weil er kein Herz hat. Dann trifft sie einen Löwen, der sehr unglücklich ist, weil er keinen Mut hat. Das Mädchen heitert alle drei auf, indem sie sagt: »Wir gehen alle zum Zauberer von Oz und er gibt uns, was wir uns wünschen – der Vogelscheuche einen Verstand, dem Blechmann ein Herz und dem Löwen Mut.«

Sie haben schreckliche Erlebnisse, denn die böse Hexe ist fest entschlossen, Dorothy zu fangen und ihr Toto sowie die rubinroten Pantoffeln, die sie beschützen, wegzunehmen. Schließlich erreichen sie den Palast Emerald des Zauberers von Oz. Sie bitten um eine Audienz, doch man sagt, daß noch nie jemand den Zauberer von Oz, der geheimnisvoll in seinem Palast lebt, gesehen habe.

Doch mit Hilfe der guten Hexe des Nordens betreten sie den Palast. Dort entdecken sie, daß der Zauberer nur ein falscher Magier aus Dorothys Heimatstadt in Kansas ist. Sie sind alle sehr enttäuscht, denn ihre Wünsche können nicht erfüllt werden! Doch dann zeigt ihnen die gute Hexe, daß ihre Wünsche bereits erfüllt sind. Die Vogelscheuche hat Verstand entwickelt, weil sie bei all den Erlebnissen Entscheidungen treffen mußte, der Blechmann merkt, daß er ein Herz besitzt, denn er liebt Dorothy und der Löwe ist mutig geworden, weil er bei seinen vielen Abenteuern Mut beweisen mußte.

Die gute Hexe des Nordens sagt zu Dorothy: »Was hast du aus deinen Erfahrungen gelernt?« und Dorothy antwortet: »Ich habe gelernt, daß es mein größter Wunsch ist, zu Hause zu sein.« Daraufhin macht die gute Hexe eine Handbewegung und Dorothy ist wieder zu Hause. Als sie aufwacht, stellt sie fest, daß die Vogelscheuche, der Blechmann und der Löwe die Männer sind, die auf der Farm ihres Onkels arbeiten. Alle sind sehr froh, daß sie zurück ist.

Die Geschichte lehrt uns folgendes: Wenn wir versuchen, vor unseren Problemen davonzulaufen, laufen sie hinter uns her. Lassen Sie sich durch eine schwierige Situation nicht aus der Ruhe bringen, und ihre Bedeutung wird von ganz alleine nachlassen.

Es gibt ein ungeschriebenes Gesetz der Gleichgültigkeit: *Nichts kann mein Inneres erschüttern – Nichts bringt mich aus der Ruhe*, würde es in der modernen Sprache lauten. Wenn man sich nicht mehr aus der Ruhe bringen läßt, werden alle störenden Faktoren von alleine verschwinden. »Sobald du deine Lehrer erblickt hast, werden sie verschwinden.«

»Dann habe ich Wächter über euch bestellt und euch gemahnt: Merkt auf den Schall der Trompete!« Die Trompete wurde früher dazu benutzt, um die Leute auf etwas aufmerksam zu machen; es wurde zum Sieg geblasen oder um Anweisungen zu verkünden. Wenn wir die Bedeutung von Gedanken und Worten erkannt haben, werden wir auf jeden einzelnen Gedanken und jedes einzelne Wort achten.

Die Vorstellungskraft, die Schere des Geistes, ist ständig damit beschäftigt, die Ereignisse in unserem Leben auszuschneiden. Viele Menschen »schneiden« Bilder der Angst aus und sehen nur noch

Dinge, die nicht von Gott geplant sind. Mit unserem »Inneren Auge« jedoch können wir nur die Wahrheit erkennen. Man sieht durch das Böse hindurch, denn man weiß, daß dahinter das Gute zum Vorschein kommt. Ungerechtigkeit wird zu Gerechtigkeit, und der scheinbare Feind wird entwaffnet, indem man ihm guten Willen entgegenbringt.

In der Mythologie gibt es Geschichten über die Zyklopen, einem Geschlecht von Riesen, von denen man sagt, sie hätten Sizilien bewohnt. Diese Riesen besaßen nur ein Auge, das sich in der Mitte der Stirn befand. Man nimmt auch an, daß die Vorstellungskraft im Bereich der Stirn situiert ist (zwischen den Augen), so entstanden die fabulösen Riesen.

Auch Sie sind ein Riese, wenn Sie nur ein Auge besitzen. Dann wird jeder Gedanke ein konstruktiver Gedanke sein, und jedes Wort steckt voller Kraft. Machen Sie das dritte Auge zum Wächter am Tor. »Sollte also Dein Auge ein einziges sein, so wird Dein ganzer Körper von Licht erfüllt.«

Durch dieses eine Auge, wird unser Körper in einen spirituellen Körper verwandelt, in den »elektrischen Körper«, der nach Gottes Ebenbild geschaffen wurde (nach unserer Vorstellung). Indem wir den perfekten Plan deutlich vor uns sehen, können wir die Welt erlösen: Mit unserem inneren Auge erkennen wir eine Welt des Friedens und des Überflusses und des guten Willens. »Urteile nicht nach dem Äußeren, sondern fälle ein gerechtes Urteil.«

»Weder soll die eine Nation gegen die andere das Schwert erheben, noch sollen sie weiterhin lernen, wie man Kriege führt.«

Das ungeschriebene Gesetz der Gleichgültigkeit bedeutet, daß wir uns von feindlichen Aktionen nicht aus der Ruhe bringen lassen sollen. Man soll stets an den konstruktiven Gedanken festhalten, denn sie werden sich letztendlich durchsetzen. Das spirituelle Gesetz steht über dem karmischen Gesetz. Damit ist die geistige Haltung gemeint, die zum Beispiel ein Arzt seinem Patienten gegenüber einnehmen muß. Gleichgültig gegenüber Dingen wie Armut, Verlust oder Krankheit führt er einen Wandel im Geist, im Körper und schließlich im Leben seines Patienten herbei.

Lassen Sie mich Jeremia, Kapitel 31 zitieren. Der diesem Kapitel zugrunde liegende Gedanke ist ein Gedanke der Freude. Der Mensch wird als ein von negativem Denken befreites Wesen dargestellt. »Denn es kommt ein Tag, da werden die Wächter auf den Bergen Efraîms rufen: ›Machet euch auf, und zieht zum Berg Zion hinauf, zum Herrn, unserem Gott‹.« Der Wächter am Tor schläft nie. Er ist das »Auge, das über Israel wacht«. Doch ein Mensch, dessen Welt von negativem Denken bestimmt wird, ist sich seines inneren Auges nicht bewußt. Er mag wohl gelegentlich blitzartige intuitive Momente oder Erleuchtungen haben, doch dann fällt er wieder in seine vom Chaos regierte Welt zurück.

Um Worte und Gedanken ständig aufs neue zu prüfen, bedarf es einer enormen Disziplin und ewiger Wachsamkeit. Furcht, Versagen, Wut und Feindschaft müssen vernichtet und aus den Gedanken verbannt werden. Merken Sie sich folgende Aussage *Jede Pflanze, die mein himmlischer Vater nicht gepflanzt hat, soll entwurzelt werden*. Stellen Sie sich dabei vor, wie Sie im Garten Unkraut jäten. Das Unkraut wird weggeworfen und vertrocknet, denn es hat keinen nährenden Boden mehr.

Indem man den negativen Gedanken Beachtung schenkt, nährt man sie. Machen Sie einfach Gebrauch vom verborgenen Gesetz der Gleichgültigkeit und wehren Sie sich gegen jegliches Interesse. Bald wird die »feindliche Armee« ausgehungert sein. Göttliche Vorstellungen werden das Bewußtsein ausfüllen, falsche Vorstellungen werden verblassen, und wir werden uns nur noch das wünschen, was Gott für uns wünscht.

Die Chinesen haben ein Sprichwort, das lautet: »Der Philosoph überläßt es dem Schneider, seinen Mantel zu flicken.« Nach diesem Motto sollten wir die Gestaltung unseres Lebensplans dem »Universellen Designer« überlassen, um schließlich herauszufinden, daß unser Leben stets vollkommen ist.

Ich stehe auf heiligem Grund und entfalte rasch den universellen Plan meines Lebens, der es vorsieht, daß mein Leben stets vollkommen ist.

Ein Leben im Überfluß

»Wirf das Golderz von dir in den Staub.« (Hiob 22,24)

Das Leben im Überfluß gleicht einer Einbahnstraße. Wie ein altes Sprichwort besagt, »gibt es nur einen richtigen Weg.« Entweder man bewegt sich in Richtung Armut oder in Richtung Reichtum. Ein Mensch mit einem reichen Bewußtsein und der mit einem armen, beschreiten nicht denselben mentalen Weg. Es ist für jeden von uns üppige Versorgung vorgesehen. Der reiche Mensch kann darüber verfügen, weil er durch seine Gedanken die Voraussetzungen für Reichtum schafft. Ändern wir also unsere Gedanken, und im Nu wird sich unser Leben verändern. Die Bedingungen, unter denen wir leben, schaffen wir selbst durch unsere Gedanken und Worte, welche Wirklichkeit werden. Früher oder später erntet jeder die Früchte seiner Worte und Gedanken.

»Worte sind Körper oder Kräfte, die sich spiralförmig winden und zur rechten Zeit wiederkehren, um sich in das Leben ihres Schöpfers einzufügen.« Menschen, die immer nur von Armut und Einschränkung sprechen, ernten letztendlich auch Armut und Einschränkung. Man kann das Königreich des Überflusses nicht erreichen, indem man sein Schicksal beklagt.

Ich kenne eine Frau, deren Glaube an Wohlstand schon immer eingeschränkt war. Fortwährend war sie damit beschäftigt, ihre alten Kleider zu flicken, anstatt sich neue zu kaufen. Sie ging sehr sparsam mit ihrem Geld um und riet auch ihrem Mann dazu, nicht zu viel Geld auszugeben. Immer wieder sagte sie: »Ich möchte nichts besitzen, was ich mir nicht leisten kann.« Da sie sich nicht viel leisten konnte, besaß sie auch nichts. Auf einmal brach ihre ganze Welt zusammen. Der Mann verließ sie, denn er hatte genug von ihrem ewigen Nörgeln und ihrem eingeschränkten Denken. Sie war sehr verzweifelt, da fiel ihr eines Tages ein Buch über Metaphysik in die Hände. Dieses Buch beinhaltete eine Erklärung über die Macht von Gedanken und Worten.

Da erkannte sie, daß sie durch die falsche Art zu Denken jede unglückliche Erfahrung ihres Lebens selbst herbeigeführt hatte. Sie lachte herzlich über ihre Fehler und beschloß, daraus zu lernen. Tatkräftig machte sie sich daran, das Gesetz des Überflusses zu erproben. Als Beweis für den Glauben an ihre unsichtbare Versorgung gab sie furchtlos ihr Geld aus. Sie vertraute auf Gott, die Quelle für ihren Reichtum. Worte wie »Armut« und »Einschränkung« nahm sie nicht mehr in den Mund und versuchte fortan, sich reich zu fühlen und dies nach außen hin zu demonstrieren. Alte Freunde erkannten sie kaum wieder. Der Schritt zum »Weg des Überflusses« war ihr gelungen. Sie bekam mehr Geld, als sie je zuvor besessen hatte. Verschlossene Türen öffneten sich – freie Wege offenbarten sich auf erstaunliche Weise. Sie wurde sehr erfolgreich in einem Beruf, den sie nie gelernt hatte. Sie hatte das Gefühl, in einer Wunderwelt zu leben. Was war geschehen?

Die Worte und Gedanken der Frau haben sich geändert. Sie hat Gott ins Vertrauen gezogen und in ihr Leben aufgenommen. Es kam zwar noch häufig vor, daß Sie ihren Glauben erst »fünf vor zwölf« demonstrierte, doch die Versorgung blieb nie aus, denn sie hatte gelernt, ihre Gräben zu graben und war dankbar, ohne zu zögern.

Kürzlich rief mich jemand an und sagte: »Ich suche verzweifelt eine Arbeitsstelle.« Ich antwortete: »Suchen Sie nicht verzweifelt, seien Sie voll des Lobes und der Dankbarkeit, denn Jesus Christus, der größte Metaphysiker aller Zeiten, hat uns aufgerufen zum Gebet des Lobes und der Dankbarkeit.«

Durch Lob und Dankbarkeit gelingt es uns, alle Tore zu öffnen, denn hoffnungsvolle Erwartung wird immer siegen. Natürlich ist das Gesetz unpersönlich, so daß auch ein unehrlicher Mensch durch reiche Gedanken Wohlstand herbeiführen kann, doch wie schon Shakespeare sagte, »...ist eine unrechtmäßig erworbene Sache immer zum Scheitern verurteilt«. Sie wird von kurzer Dauer sein und kein Glück bringen. Man muß nur einen Blick in die Zeitung werfen, um zu sehen, wie hart der Weg der Übertretungen sein kann. Daher ist es so wichtig, daß wir unsere Wünsche nach der universellen Versorgung richten und nur Dinge erbitten, die uns nach universellem Recht zustehen.

Es gibt Menschen, die zwar Wohlstand hervorrufen, ihn aber nicht halten können. Entweder sie lassen sich durch Furcht und Sorge den Kopf verdrehen oder verlieren ihn ganz.

Ein Freund aus einer meiner Frage-und-Antwort-Klassen erzählte folgende Geschichte. Eine Familie aus seiner Heimatstadt, die immer arm gewesen war, stieß plötzlich im Hinterhof ihres Hauses auf eine Ölquelle. Das brachte ihnen großen Reichtum ein. Der Vater wurde Mitglied im Countryclub und begann Golf zu spielen. Da er nicht mehr der Jüngste war, strengte ihn der Sport zu sehr an – er fiel auf dem Golfplatz tot um. Sein plötzlicher Tod erfüllte die ganze Familie mit Furcht. Sie hatten Angst, auch herzkrank zu werden und sind seitdem bettlägerig; ausgebildete Krankenschwestern überwachen jeden Herzschlag.

Anscheinend müssen sich die Menschen immer Sorgen um etwas machen. Wenn sie genügend Geld besitzen, machen sie sich Gedanken um die Gesundheit. Das liegt wohl an der alten Vorstellung, »...daß man nicht alles haben kann«. Das heißt, sobald man eine Sache erreicht hat, verliert man eine andere. Schon immer heißt es: »Dein Glück wird nicht ewig dauern« oder »das ist zu schön, um wahr zu sein.« Jesus Christus sagt: »Die Welt ist voller Leid, doch seid guten Mutes, ich habe die Welt überwunden (Gedanken).« Im Höheren Bewußtsein (dem Christus in uns), gibt es eine großzügige Versorgung für jedes unserer Bedürfnisse, denn unser Glück soll vollkommen und beständig sein.

»Wenn du zum Allmächtigen dich bekehrst, wirst du wieder hergestellt (im Bewußtsein)! Wenn du Unrecht fernhältst von deinem Zelte und in den Staub dein Feingold legst, ins Flußgeröll dein Echtgold, wenn der Allmächtige dein Goldschatz ist und dir Silber als höchstes Glück gilt, dann wirst du deine Wonne finden am Allmächtigen und kannst zu Gott dein Angesicht erheben.«

Welch ein Bild von Reichtum! Er ist die Folge daraus, »daß man sich zum Allmächtigen bekehrt (im Bewußtsein)«. Für den Großteil der Menschen (die lange Zeit in Begriffen des Mangels gedacht haben) ist es sehr schwierig, ein reiches Bewußtsein aufzubauen.

Ich habe eine Schülerin, die mit folgender Aussage zu großem Erfolg gekommen ist: *Ich bin die Tochter eines Königs! Mein reicher Vater ergießt nun seine Reichtümer über mich: Ich bin die Tochter eines Königs! Alle Wege öffnen sich für mich.*

Viele Menschen finden sich mit ihren eingeschränkten Lebensbedingungen nur deshalb ab, weil sie zu faul sind, sich (geistig) daraus zu befreien. Man sollte ein großes Verlangen nach finanzieller Freiheit verspüren, man soll sich reich fühlen und sich selbst als reich betrachten, um sich ständig darauf vorzubereiten, reich zu sein. Mit der Phantasie eines Kindes muß man daran glauben, reich zu werden. Nur so kann man dem Unterbewußtsein seine Erwartung einprägen.

Die menschliche Vorstellung ist wie eine Werkstatt, sie ist die Schere des Geistes, mit der wir immer wieder Ereignisse unseres Lebens ausschneiden! Das Höhere Bewußtsein ist der Bereich der Inspiration, der Offenbarung, der Erleuchtung und der Intuition. Das Höhere Bewußtsein ist der Bereich der vollkommenen Vorstellungen. Das Genie gewinnt seine Gedanken aus dem Höheren Bewußtsein.

»Ohne die Kraft der Vorstellung geht mein Volk zugrunde.« Wenn der Mensch die Kraft verliert, sich sein Glück vorzustellen, geht er buchstäblich zugrunde (oder geht unter). Es ist interessant, die französische und die englische Übersetzung der Bibel miteinander zu vergleichen. In Kapitel 22, Vers 21, bei Hiob lesen wir: »Versöhne dich doch mit Gott und halte Frieden, dadurch wird dir Heil widerfahren.« In der französischen Übersetzung heißt es: »Verbinde dich mit Gott und du wirst Frieden erlangen. So sollst du dich an deinem Glück erfreuen.«

In Vers 23 steht: »Wenn du dich zum Allmächtigen bekehrst, so wirst du wieder aufgebaut werden; wenn du die Sünde aus deinen Zelten entfernst.« In der französischen Version lesen wir: »Du wirst wiederhergestellt sein, wenn du zum Allmächtigen zurückkehrst, indem du die Sünde weit fern hältst von deinen Zelten.«

In Vers 24 folgt dann eine neue, überraschende Übersetzung, die englische Version lautet: »Ja, wirf das Golderz von dir in den Staub und Ophirs Goldsand unter die Kiesel der Bäche.« Die französische Version dazu: »Wirf das Gold in den Sand, das Gold von Ophir ins Flußgeröll und der Allmächtige wird dein Gold, dein Silber, dein Reichtum sein.« Das bedeutet, wir sollen uns nicht nur auf das verlassen, was sichtbar ist, sondern lieber alles wegwerfen und nur auf den Allmächtigen vertrauen, um Gold, Silber und Reichtum zu erlangen.

Folgende Geschichte, die mir von einer Freundin erzählt wurde, liefert ein gutes Beispiel dafür: Ein Priester besuchte ein Nonnenkloster in Frankreich, in dem viele Kinder zu essen bekamen. Eine der Nonnen war verzweifelt und erzählte dem Priester, sie hätten nichts mehr zu essen; die Kinder müßten hungern. Sie sagte, sie besäßen nur noch eine Silbermünze. Dabei benötigten sie dringend Kleidung und Nahrung. Der Priester erwiderte: »Gebt mir die

Münze.« Sie gab ihm die Münze und er warf sie aus dem Fenster. »Und jetzt«, sprach er, »vertraut nur ganz auf Gott.« Nach kurzer Zeit kamen Freunde ins Kloster und brachten eine Menge Essen und Geld mit.

Das heißt nicht, man soll sein Geld zum Fenster hinauswerfen, doch man darf sich nicht von seinen Besitztümern abhängig machen. Verlassen wir uns auf die unsichtbare Versorgung und auf unsere Vorstellungskraft.

Wir verbinden uns mit Gott und werden Frieden finden. Denn er ist unser Gold, unser Silber und unser Reichtum. Die Inspiration des Allmächtigen dient meiner Verteidigung und ich werde eine Fülle von Silber besitzen.

Mir wird es an nichts mangeln

»Der Herr ist mein Hirte, mir wird es an nichts mangeln.« (Psalm 23,1)

Der Psalm 23 ist der bekannteste aller Psalmen – man könnte sagen, er beinhaltet die Grundidee der biblischen Botschaft. Wir erfahren darin, daß es uns an nichts mangeln wird, wenn wir erkennen (oder daran glauben), daß der Herr unser Hirte ist: das heißt, wir gelangen zu der Erkenntnis, daß die Unendliche Intelligenz jedes Bedürfnis befriedigt.

Wenn wir noch heute zu dieser Überzeugung gelangen, wird uns jetzt und immer geholfen; was wir auch wünschen, wir schöpfen es aus dem Überfluß der Sphären, denn alles, was wir brauchen, liegt auf unserem Pfad bereit. Eine Frau hatte plötzlich diese Erkenntnis: »Der Herr ist mein Hirte, mir wird nichts mangeln.« Es war, als würde sie ihre unsichtbare Versorgung berühren, sie fühlte sich fern von

Zeit und Raum und vertraute nicht länger auf Äußerlichkeiten. Die erste Demonstration ihres Glaubens war zwar unbedeutend, doch unerläßlich. Sie benötigte sofort einige große Büroklammern, doch sie hatte nicht die Zeit, welche zu besorgen. Bei der Suche nach etwas ganz anderem, öffnete sie ein selten benutztes Kästchen und fand darin etwa ein Dutzend großer Büroklammern. Da merkte sie, daß das Gesetz funktioniert und war dankbar; später bekam sie Geld, das sie dringend benötigte; wichtige und weniger wichtige Dinge kreuzten ihren Weg. Seitdem vertraut sie auf folgenden Satz: *Der Herr ist mein Hirte, mir wird es an nichts mangeln.*

Oft sagt man: »Es ist nicht richtig, Gott um Geld oder andere Dinge zu bitten.« Doch dann hat man nicht verstanden, daß dieses schöpferische Prinzip in jedem Menschen steckt. – (Das Göttliche in uns). Die wahre Spiritualität in uns erprobt Gott täglich, in Form unserer Versorgung – nicht nur hin und wieder.

Jesus Christus kannte dieses Gesetz, denn was immer er wünschte oder erbat, ist auf seinem Pfad sofort in Erscheinung getreten, die Brote, die Fische und das Geld aus dem Mund des Fisches. Mit dieser Erkenntnis verblaßt der Sinn unseres Strebens nach Ersparnissen und Besitztümern. Das bedeutet nicht, daß man kein Bankkonto haben oder keine Investitionen tätigen soll, doch man darf sich nicht darauf verlassen, denn wer verliert, wird auch wieder dazugewinnen. Denken Sie immer daran:

»Deine Scheunen sollen gefüllt sein und dein Becher überlaufen.«

Wie kann nun jeder einzelne diese Verbindung zu seiner unsichtbaren Versorgung herstellen? Indem man nach einer Aussage der Wahrheit sucht, die einprägsam ist und Erkenntnis bringt. Folgende Worte sind nicht nur einigen wenigen Auserwählten vorbehalten: »Wer immer den Namen des Herrn ruft, wird erlöst.« Der Herr ist dein Hirte, er ist mein Hirte und er ist jedermanns Hirte.

Gott ist der Höchste Geist, der sich der Befriedigung der menschlichen Bedürfnisse widmet; das bedeutet, daß sich Gott in all unseren Taten offenbart. Jesus Christus sagte: »Ich und der Vater sind eins.« Man könnte diesen Satz umschreiben und sagen: *Ich und das große schöpferische Prinzip des Universums sind ein und dasselbe.*

Der Mensch entbehrt nur, wenn er den Kontakt zu diesem schöpferischen Prinzip verliert, auf das man vertrauen muß, denn es beruht auf purer Intelligenz und weist den Weg zur Erfüllung. Verstand und persönlicher Wille erzeugen eine Art Kurzschluß. »Vertraue auf mich und ich werde es in Erfüllung gehen lassen.«

Die meisten Menschen sind von Sorge und Angst erfüllt, denn sie suchen nach etwas, woran sie sich klammern können. Eine Frau ging zum Arzt und sagte: »Ich bin nur eine arme kleine Frau, niemand steht hinter mir außer Gott.« Der Arzt sagte: »Sie brauchen sich nicht zu fürchten, wenn Gott hinter

Ihnen steht, denn alle Schätze des Königreichs gehören Ihnen.«

Eine andere Frau rief mich an und sagte, den Tränen nahe: »Ich bin so besorgt über meine berufliche Situation.« Ich antwortete: »Mit Gott bleibt die Situation unverändert: Der Herr ist Ihr Hirte; Ihnen wird nichts mangeln. – Wenn sich eine Tür schließt, öffnet sich eine andere.«

Eine sehr erfolgreiche Geschäftsfrau, die all ihre Angelegenheiten mit Hilfe der Wahrheit regelt, sagte: »Das Ärgerliche an den meisten Menschen ist, daß sie sich auf bestimmte Umstände verlassen. Sie besitzen nicht genügend Vorstellungskraft, um nach vorne zu blicken – um neue Wege zu öffnen.«

Beinahe jeder große Erfolg gründet sich auf einen Mißerfolg. Ich habe gehört, daß Edgar Bergen seine Rolle in einer Broadway-Produktion verlor, weil keine weiteren Statisten benötigt wurden. Noel Coward lud ihn zur Rudy-Vallee-Radiostunde ein, und er und Charlie McCarthy wurden über Nacht berühmt.

Bei einem meiner Treffen erzählte ich die Geschichte eines Mannes, der so arm und verzweifelt war, daß er sich umbrachte. Einige Tage später kam ein Brief, in dem ihm mitgeteilt wurde, daß er ein beachtliches Vermögen geerbt hätte. Einer der Teilnehmer sagte: »Das heißt, wenn man sterben möchte, läßt die Demonstration drei Tage lang auf sich warten.« Ja, laß dich nicht täuschen von der Dunkelheit vor der Morgendämmerung.

Es tut gut, hin und wieder die Morgendämmerung zu betrachten, um sich von ihrer Unfehlbarkeit zu überzeugen. Das erinnert mich an ein Erlebnis, das ich vor vielen Jahren hatte. Eine Freundin von mir lebte damals in Brooklyn in der Nähe des Prospect Parks. Sie liebte es, ungewöhnliche Dinge zu tun und sagte zu mir: »Komm mich doch besuchen, wir stehen früh auf und beobachten den Sonnenaufgang im Prospect Park.« Zuerst lehnte ich ab, doch dann hatte ich das Gefühl, es könnte eine interessante Erfahrung werden.

Es war Sommer. Wir standen etwa gegen vier Uhr früh auf – meine Freundin, ihre kleine Tochter und ich. Obwohl es noch stockdunkel war, machten wir uns auf den Weg zum Park. Einige Polizisten sahen uns neugierig an, doch meine Freundin sagte würdevoll: »Wir wollen den Sonnenaufgang betrachten«; damit waren sie scheinbar zufrieden. Wir gingen durch den Park zu dem schönen Rosengarten.

Im Osten zeigte sich bereits ein schwacher rosa Lichtstrahl, dann hörten wir plötzlich einen fürchterlichen Lärm. Wir befanden uns in der Nähe des Zoos und alle Tiere begrüßten die Morgendämmerung. Die Löwen und Tiger brüllten, die Hyänen lachten, es war ein einziges Geschrei und Geheule: Jedes Tier hatte etwas zu sagen, denn ein neuer Tag stand bevor.

Das war wirklich sehr inspirierend. Das Licht fiel schräg durch die Bäume; alles sah so phantastisch aus. Später, als es heller wurde, waren unsere Schatten nicht mehr hinter uns, sondern vor uns. Die Morgendämmerung eines neuen Tages! Dies ist die wunderbare Morgendämmerung, die jeden von uns erreicht, nach einer Zeit der Dunkelheit. Ihre Morgendämmerung des Erfolgs, des Glücks und des Überflusses wird sicher kommen.

Jeder Tag ist wichtig. In einem wunderschönen Sanskrit-Gedicht steht: »Schau diesen Tag gut an, er wird begrüßt durch die Morgendämmerung.«

Auch heute ist der Herr unser Hirte! Heute wird uns nichts mangeln; denn wir sind eins mit dem großen schöpferischen Prinzip!

Und auch in Psalm 34 geht es um die Sicherheit. Er beginnt mit einem Lob des Herrn: »Ich will den Herrn allezeit preisen: Immerdar soll sein Lob in meinem Munde sein. Denjenigen, die den Herrn suchen, wird zu ihrem Glück nichts fehlen.« Den Herrn suchen bedeutet, daß wir den ersten Schritt machen müssen. »Komm in meine Nähe, und ich werde in deine Nähe kommen, so sprach der Herr.« Man sucht den Herrn, indem man immer wieder bekräftigt, daß man auf sein Wohl vorbereitet ist und es erwartet.

Wer um Erfolg bittet, sich aber auf Mißerfolg einstellt, wird bekommen, auf was er sich vorbereitet hat. In meinem Buch *Das Lebensspiel und seine mentalen Regeln* erzähle ich von einem Mann, der mich bat, für die Tilgung all seiner Schulden zu beten. Anschließend sagte er: »Ich überlege gerade, was ich den Leuten sagen soll, wenn ich kein Geld habe, um sie zu bezahlen.« Ein Gebet hilft nicht, wenn man nicht daran glaubt, denn durch den Glauben und die Erwartung prägt sich das Bild der Erfüllung ins Unterbewußtsein ein.

In Psalm 23 lesen wir: »Er erquicket meine Seele.« Die Seele ist unser Unterbewußtsein und muß mit positiven Gedanken erquickt werden. Jede tiefe Empfindung prägt sich ins Unterbewußtsein ein und offenbart sich im Lauf unseres Lebens. Wer denkt, ein Versager zu sein, wird solange ein Versager bleiben, bis er vom Gegenteil überzeugt ist, nämlich erfolgreich zu sein.

Dies geschieht, indem man sich einer wirkungsvollen Bejahung bedient. Bei einem unserer Treffen erzählte eine Freundin, als sie gerade den Raum verlassen wollte, ich hätte ihr mit folgender Aussage geholfen: *Der Boden auf dem wir stehen, ist der Ernteboden.* Ihr Leben hatte sich mühsam dahingeschleppt, doch dieser Satz bewirkte wahre Wunder.

»Ernteboden, Ernteboden«, klang es in ihren Ohren. Auf einmal ereigneten sich lauter gute Dinge und sie erlebte viele glückliche Überraschungen.

Man sollte sich solche Bejahungen immer wieder vorsagen, denn Wiederholungen prägen sich ins Unterbewußtsein ein. Am Anfang ist es schwierig, Gedanken zu lenken, doch man kann zunächst versuchen, seine Worte unter Kontrolle zu halten; Jesus Christus sagte: »Durch deine Worte wirst du freigesprochen und durch deine Worte wirst du verurteilt.« Wähle jeden Tag die richtigen Worte und Gedanken! Die Kraft der Vorstellung ist eine schöpferische Fähigkeit: »Aus den Vorstellungen unseres Herzens entwickelt sich letztendlich der Verlauf des Lebens.«

Wir alle besitzen eine Art Reservebank, dort können wir ständig etwas abrufen – es ist unsere Vorstellungskraft. Stellen Sie sich vor, Sie wären reich, gesund und glücklich; stellen Sie sich vor, Ihr Leben befände sich in göttlicher Ordnung; denken Sie aber immer daran, die Art und Weise der Erfüllung dieser Vorstellungen der Unendlichen Intelligenz zu überlassen. »Er besitzt die Waffen, die du nicht kennst. Er kennt Wege, die dich überraschen werden.«

Eine der wichtigsten Passagen in Psalm 23 lautet: »Du richtest einen Tisch mir zu vor den Augen meiner Feinde.« Das bedeutet, daß auch in Anwesenheit der feindlichen Situation, die durch Zweifel, Ängste oder Groll hervorgerufen wurde, ein Ausweg vorbereitet ist.

Der Herr ist mein Hirte; mir wird es an nichts mangeln.

Betrachte die Welt mit Staunen

»Ich will gedenken der Taten des Herrn, ja gedenken deiner Wunder von alters her.« (Psalm 77,12)

Die Worte »Wunder« und »wundervoll« werden in der Bibel sehr häufig verwendet. Im Wörterbuch wird das Wort »Wunder« definiert als »eine Ursache für Überraschung, Erstaunen, ein Mirakel, eine Wundertat.«

Ouspensky nennt die vierdimensionale Welt in seinem Buch »Tertium Organum« die »Welt des Wunders«. Er hat mathematische Berechnungen darüber angestellt, daß es einen Bereich gibt, in dem alle Bedingungen vollkommen sind. Jesus Christus nannte diesen Bereich das Königreich.

Man könnte sagen: »Suche zuerst nach der Welt des Wunders und alle Dinge werden dir gegeben.« Dies kann nur durch ein hochentwickeltes Bewußtsein erreicht werden. Jesus Christus sagte, wir müssen wieder wie »kleine Kinder« werden, um ins Königreich zu gelangen. Kinder befinden sich stets in einem Zustand der Freude und des Staunens! Die Zukunft birgt Versprechungen von geheimnisvollem Glück. Alles mögliche kann über Nacht geschehen. Robert Louis Stevenson sagt in seinem Buch *A Child's Garden of Verses:* »Die Welt birgt solch eine Fülle von Dingen, ich glaube, wir sollten uns alle wie glückliche Könige fühlen.« So laßt uns mit Erstaunen betrachten, was vor uns liegt. Dieser Satz steht auch in meinem Buch *Das Lebensspiel und seine mentalen Regeln* und hat mir vor vielen Jahren sehr geholfen. Ich hatte damals eine Gelegenheit verpaßt und dachte, ich hätte besser auf mein Glück achten sollen. Am nächsten Tag sprach ich den oben genannten Satz: *Voller Erstaunen betrachte ich, was vor mir liegt.* Mittags klingelte das Telefon und ich erhielt eine zweite Chance. Diesmal ergriff ich die Gelegenheit, und tatsächlich war ich sehr erstaunt, denn ich hatte nicht damit gerechnet, die Gelegenheit noch einmal zu bekommen. Bei einer unserer nächsten Zusammenkünfte erzählte eine Bekannte, daß auch sie mit dieser Aussage wunderbare Resultate erzielt hätte. Sie erfüllt das Bewußtsein mit freudiger Erwartung.

Kinder sind voll freudiger Erwartung bis sie erwachsen werden, dann stellen sich unglückliche Erfahrungen ein und sie verlassen die Welt des Wunders!

Blicken wir zurück und denken wir an all die

düsteren Vorstellungen, die uns anerzogen wurden: »Iß zuerst die fleckigen Äpfel.« – »Erwarte nicht zuviel, dann wirst du auch nicht enttäuscht.« – »Man kann im Leben nicht alles haben.« – »Die Kindheit ist die glücklichste Zeit.« – »Niemand weiß, was die Zukunft bringen wird.« Was für ein Start ins Leben! Das sind Eindrücke, die ich in meiner frühen Kindheit gesammelt habe.

Im Alter von sechs Jahren hatte ich bereits ein ausgeprägtes Verantwortungsbewußtsein. Statt staunend auf das zu blicken, was vor mir lag, war ich ängstlich und mißtrauisch. Heute fühle ich mich viel jünger, als damals im Alter von sechs Jahren. Ein Foto aus dieser Zeit zeigt, wie ich gerade eine Blume pflücke, mein Gesichtsausdruck ist vergrämt und hoffnungslos. Ich hatte die Welt des Wunders bereits hinter mir gelassen! Von nun an lebte ich nur noch in der Realität, wie es meine Eltern befohlen hatten, und war weit entfernt von Wundertaten. Die Kindheit ist ein großes Privileg, wenn man von Geburt an mit der Wahrheit vertraut gemacht wird. Auch wenn Kindern die Metaphysik nicht gelehrt wurde, erfüllen sie den Äther mit froher Erwartung.

Alle Türen stehen offen, vielleicht wird man eine zweite Shirley Temple oder ein Freddy Bartholomew oder ein bedeutender Pianist, der im Alter von sechs Jahren auf Konzerttournee geht.

Wir sollten nun alle zurückkehren in die Welt der Wunder, in der alles über Nacht geschehen kann, denn Wunder geschehen schnell! Man muß ein Bewußtsein für Wunder entwickeln; man muß sich darauf vorbereiten, daß Wunder geschehen; man muß erwarten, daß sie eintreten und sie auf diese Weise herbeiführen. Vielleicht warten Sie gerade auf ein finanzielles Wunder! Es gibt eine Erfüllung für jede Bitte. Durch unseren aktiven Glauben, unsere Worte und unsere Intuition wird diese unsichtbare Versorgung freigesetzt.

Hier ein Beispiel: Eine Schülerin von mir stellte eines Tages, als sie dringend tausend Mark benötigte, fest, daß sie so gut wie keine Ersparnisse mehr besaß. Sie hatte einmal viel Geld und lauter schöne Dinge besessen, doch außer einem Hermelinumhang war davon nichts übrig geblieben. Doch kein Pelzhändler würde ihr viel dafür geben. Ich betete, daß die richtige Person kommt und den Umhang zum richtigen Preis kauft, oder daß die Versorgung auf einem anderen Weg eintritt. Das Geld wurde dringend gebraucht, so daß keine Zeit blieb, um sich viele Gedanken zu machen.

Als sie so auf der Straße ging, sprach sie ihre Bejahung. Es war ein stürmischer Tag – und sie sagte zu sich: *Ich werde aktiven Glauben an meine unsichtbare Versorgung zeigen, indem ich mir ein Taxi nehme.* Dieser Entschluß entstand aus einer starken Ahnung. Als sie am Ziel angekommen war und ausstieg, stand dort bereits eine Frau, um in das Taxi einzusteigen. Es war eine alte Bekannte, eine sehr freundliche Frau. Zum ersten Mal in ihrem Leben fuhr sie mit einem Taxi, denn ihr Rolls Royce war an diesem Nachmittag nicht fahrtauglich. Sie unterhielten sich und meine Bekannte erzählte von ihren Sorgen und dem Hermelinumhang. »Aber warum«, sagte die Freundin, »ich gebe dir tausend Mark dafür.« Und noch am selben Nachmittag erhielt sie den Scheck.

Gottes Wege sind genial, seine Methoden unfehlbar. Eine Schülerin schrieb mir, daß ihr diese Aussage sehr geholfen hat – *Gottes Wege sind genial, seine Methoden unfehlbar.* Eine Reihe unerwarteter Kontakte führten zu der Situation, die sie sich gewünscht hatte. Staunend verfolgte sie die Wirkung der Gesetze. Demonstrationen ereignen sich gewöhnlich im Bruchteil einer Sekunde. Im universellen Sinn ist alles mit erstaunlicher Genauigkeit eingeplant.

Meine Schülerin stieg in dem Moment aus dem Taxi, als ihre Freundin stehenblieb, um einzusteigen; eine Sekunde später und sie hätte ein anderes Taxi gerufen. Die wichtigste Aufgabe des Menschen besteht darin, stets ein offenes Ohr für die innere Stimme zu haben und sich seiner Ahnungen bewußt zu werden; denn auf dem magischen Weg der Intuition finden wir alles, was wir uns wünschen oder nötig haben.

In *Moulton's Bibel für den modernen Leser* wird das Buch der Psalmen als Perfektion lyrischer Dichtung dargestellt: »Die musikalische Meditation ist ein wesentlicher Bestandteil der Dichtung; sie kann kein höheres Ziel finden als den demütigen Geist, der sich ohne Zögern zum Dienst an Gott erhebt und sich intensiv mit den verschiedenen Seiten des aktiven Glaubens und des besinnlichen Lebens befaßt.« In den Psalmen finden wir auch eine Reihe von Lebenszeugnissen; dabei gefällt mir der Psalm 77 besonders gut: Ein Mann, der sehr verzweifelt ist, erhält seine Gläubigkeit und seine Sicherheit zurück, als er über den Glauben und über Gottes Wunder nachdenkt.

»Meine Stimme erhebt sich zu Gott, laut rufe ich; meine Stimme erhebt sich zu Gott, daß er mich höre. Zur Zeit meiner Drangsal suche ich den Herrn. Meine Seele will sich nicht trösten lassen. Wird der Herr auf ewig verstoßen? Und niemals wieder Gnade üben? Hat Gott vergessen gnädig zu sein? Oder im Zorn sein Erbarmen verschlossen?

Da sagte ich mir: ›Es bekümmert mich schmerzlich, daß das Walten des Höchsten sich geändert hat; doch ich will der Taten des Herrn gedenken, gedenken deiner Wunder von alters her und sinnen über all dein Tun und deine großen Taten betrachten. Oh Gott, erhaben ist dein Weg: wo ist ein Gott, so groß wie der Herr. Du bist der Gott, der Wunder tut. Du hast deine Macht den Völkern kundgetan.‹«

In diesem Vers finden wir Gedanken, die einem Wahrheitssuchenden weiterhelfen, wenn er ein Problem bewältigen muß oder von Zweifeln, Angst und Verzweiflung geplagt wird. Die Wahrheit wird uns schlagartig, wie von selbst bewußt werden – *Gottes Wege sind genial, seine Methoden unfehlbar!* – Man erinnert sich an Schwierigkeiten, die man überwunden hat, und das Vertrauen in Gott kehrt zurück. Man denkt: »Was Gott früher für mich getan hat, wird er auch jetzt tun, und noch mehr!«

Vor nicht allzu langer Zeit hatte ich ein Gespräch mit einer Bekannten, die sagte: »Es wäre ziemlich töricht, nicht daran zu glauben, daß Gott meine Probleme lösen kann. Schon so oft sind mir wundervolle Dinge zugestoßen, und ich weiß, es wird wieder so sein!«

Eine Zusammenfassung des 77. Psalms könnte demnach folgendermaßen lauten: *Was Gott zuvor für mich getan hat, tut er jetzt, und noch mehr!*

Wenn man an den Erfolg, das Glück oder den Wohlstand aus vergangenen Zeiten denkt, sollte man sich folgendes sagen: *Alle Verluste sind durch meine eigenen wertlosen Vorstellungen entstanden, die Furcht vor Verlust schlich sich in mein Bewußtsein, ich trug Bürden und kämpfte Schlachten, ich zerbrach mir den Kopf, statt dem magischen Pfad der Intuition zu folgen. Im Nu wird mir alles wiedergegeben, denn – wie es im Osten heißt – ›Was Allah gegeben hat, kann nicht geschmälert werden‹.*

Um noch einmal auf das kindliche Bewußtsein zurückzukommen: Man sollte sich zwar das kindliche Staunen erhalten, doch nicht in der Vergangenheit der Kindheit leben.

Ich kenne Leute, die nur an die glücklichen Tage ihrer Kindheit denken können: Sie erinnern sich etwa an die Kleidung von damals! Seit ihrer Kindheit empfanden sie den Himmel nicht mehr so blau und das Gras nicht mehr so grün. Sie verpassen dadurch die Gelegenheiten der wundervollen Gegenwart.

Ich erzähle nun die amüsante Geschichte von einer Freundin, die als junges Mädchen von ihrem Heimatort in eine andere Stadt übergesiedelt war. Sie erinnerte sich immer an das Haus, in dem sie zuvor gelebt hatte; in ihren Augen war es ein verzauberter Palast, groß, geräumig und prächtig. Viele Jahre später, als sie bereits erwachsen war, ergab sich die Möglichkeit, dieses Haus zu besuchen. Doch sie war tief enttäuscht: Das Haus kam ihr klein, langweilig und häßlich vor. Ihre Vorstellung von Schönheit hatte sich vollkommen geändert. Wenn man in seine Vergangenheit zurückkehrt, ist manches nicht mehr dasselbe wie früher.

Die Schwester dieser Freundin erzählte mir von einem ähnlichen Erlebnis. Im Alter von etwa sechzehn Jahren lernte sie im Ausland einen sehr eleganten und romantischen jungen Mann kennen, einen Künstler. Diese Romanze dauerte nicht lange, doch sie sprach noch oft mit ihrem späteren Ehemann darüber. Die Jahre vergingen, der elegante, romantische junge Mann wurde ein berühmter Maler und kam ins Land, anläßlich einer Ausstellung seiner Bilder. Meine Bekannte war sehr aufgeregt und dachte nur noch daran, die Freundschaft zu erneuern. Sie besuchte also die Ausstellung, und herein kam ein wohlbeleibter Geschäftsmann –

keine Spur mehr von dem eleganten, romantischen Jugendlichen!

Denken Sie daran, jetzt ist unsere Zeit! Heute ist unser Tag! Das Glück kann sich über Nacht einstellen. Erwarte staunend Erstaunen, das vor dir liegt!

Wir sind erfüllt von göttlicher Erwartung: »Ich will dir die Jahre wiedergeben, die die Heuschrekken gefressen haben!« Jeder einzelne sollte an sein Wohl glauben, das so schwer zu erlangen scheint; sei es Gesundheit, Wohlstand, Glück oder vollkommene Selbstverwirklichung.

Denken Sie nicht darüber nach, wie das Glück erreicht werden kann; danken Sie einfach, daß Sie es auf einer unsichtbaren Ebene bereits erlangt haben, »denn die Schritte, die uns zu unserem Glück führen, sind ebenfalls gesichert. Höre auf die Intuition und du wirst dich plötzlich in deinem Gelobten Land wiederfinden.« *Ich blicke mit Staunen auf das, was vor mir liegt.*

Hol dein Glück ein

»Und ehe sie rufen, will ich schon antworten, und während sie noch reden, will ich sie schon erhören.« (Jesaja 65,24)

Hol dein Glück ein! So würde man die Worte »noch ehe sie rufen, will ich schon antworten« heute ausdrücken. Das Glück geht uns voran; es wird vor uns ankommen. Doch wie kann man sein Glück einholen? Vor allem müssen wir Ohren besitzen, die hören können, und Augen, die sehen, sonst wird es uns entkommen.

Viele Leute holen ihr Glück im Leben nie ein; sie werden sagen: »Ich hatte immer ein schweres Leben, ich hatte nie Glück.« Entweder haben diese Leute ihre Gelegenheiten verschlafen, oder sie waren zu bequem, um das Glück einzuholen.

Eine Frau erzählte Freunden, sie hätte seit drei Tagen nichts mehr zu essen gehabt. Daraufhin suchten die Freunde überall nach einer geeigneten Tätigkeit; doch die Frau lehnte alles ab. Sie erklärte einfach, sie würde niemals vor zwölf Uhr aufstehen, denn sie liebt es, im Bett zu liegen und Zeitschriften zu lesen. Sie erwartete praktisch die Hilfe von anderen, während sie *Vogue* und *Harper's Bazaar* las. Man muß sehr vorsichtig sein, daß der Geist nicht abrutscht und faul wird. Nehmen Sie folgende Bejahung: *Ich bin mir meines Glücks voll bewußt, ich werde keine Gelegenheit auslassen.* Der Großteil der Menschen ist sich seines Glücks nur zur Hälfte bewußt. Ein Schüler von mir sagte einmal: »Immer wenn ich mich nicht auf meine Intuition verlasse, gerate ich in die Klemme.«

Ich möchte die Geschichte einer Frau erzählen, die Erstaunliches erlebte, als sie auf ihre intuitive Führung vertraute. Sie wurde zu Freunden in eine nahegelegene Stadt eingeladen. Sie besaß nicht viel Geld. Als sie an ihrem Ziel ankam, fand sie das Haus verschlossen vor, die Freunde waren verreist; die Frau war völlig verzweifelt, doch dann begann sie zu beten; sie sprach: »Unendliche Intelligenz, gib' mir ein Zeichen, laß mich wissen, was ich zu tun habe!«

Plötzlich fiel ihr der Name eines ganz bestimmten Hotels ein – dieser Name blieb in ihrem Bewußtsein haften – in großen Buchstaben geschrieben sah sie ihn vor sich. Sie hatte gerade noch genügend Geld, um wieder nach New York und in das Hotel zu kommen. Als sie es gerade betreten wollte, tauchte plötzlich ein alter Bekannter auf und begrüßte sie herzlich; sie hatte ihn seit Jahren nicht mehr gesehen. Der Mann erzählte, er wohne im Hotel, würde aber für einige Monate wegfahren, dann fügte er hinzu: »Warum wohnst du nicht einfach in meiner Suite, während ich weg bin – es kostet dich keinen Pfennig.« Meine Bekannte nahm das Angebot dankbar an und war überrascht von der Wirkung des spirituellen Gesetzes. Sie hatte ihr Glück eingeholt, indem sie ihrer Intuition gefolgt war.

Jeder Schritt, den wir nach vorne gehen, geschieht aufgrund unserer Wünsche. Die heutige Wissenschaft geht zurück bis Lamarck und seiner Theorie von der »Kraft der Wünsche«. Er behauptet, daß Vögel nicht deshalb fliegen, weil sie Flügel haben, sondern daß sie Flügel haben, weil sie den Wunsch hatten zu fliegen; also ein Resultat des »Drangs nach Erfüllung eines emotionalen Wunsches«.

Denken wir an die unwiderstehliche Kraft von Gedanken, die durch eine klare Vorstellung entstehen. Viele Menschen befinden sich die meiste Zeit ihres Lebens in einer Art Nebel, denn sie treffen falsche Entscheidungen und gehen den falschen Weg. Ich erinnere mich daran, daß mein Dienstmädchen während des Weihnachtsrummels zu einer Verkäuferin in einem der großen Warenhäuser sagte: »Ich vermute, heute ist Ihr anstrengendster Tag.« Sie antwortete: »Oh nein! Der Tag nach Weihnachten ist unser anstrengendster Tag, wenn die Leute das meiste wieder zurückbringen.« Hunderte von Menschen suchen die falschen Geschenke aus, weil sie sich nicht von ihrer Intuition leiten lassen. Was Sie auch tun, bitten Sie um ein Zeichen. Man spart sich nicht nur Zeit und Energie, sondern oftmals auch lebenslanges Elend.

Alles Leiden wird durch Mißachtung der Intuition verursacht. Wenn es nicht vorgesehen war, ein Haus zu bauen, ist die Arbeit derer, die es bauen, vergeblich.

Machen Sie es sich zur Gewohnheit, auf Zeichen zu achten, dann werden Sie immer auf dem magischen Pfad bleiben. »Und ehe sie rufen, will ich schon antworten, und während sie noch reden, will ich sie schon erhören.« Indem wir mit den Universellen Gesetzen arbeiten, bewirken wir, daß in Erfüllung geht, was bereits vorgesehen ist. Im Universellen Geist ist unser Glück schon geplant, doch erst durch einen ernst gemeinten Wunsch tritt es in Erscheinung. Der göttliche Geist barg die vollkommene Vorstellung eines Vogels; die Fische verstanden die Idee und wünschten sich, Vögel zu sein.

Lassen auch Sie Ihren Wünschen Flügel wachsen? Wir alle sollen etwas scheinbar Unmögliches zustande bringen. Eine meiner Affirmationen lautet: *Das Unerwartete passiert, mein scheinbar unmögliches Glück wird sich nun erfüllen.* Mühen Sie sich nicht damit ab, weitere Hindernisse zu schaffen, stärken Sie den Herrn – das bedeutet, die Kraft Gottes zu stärken.

Die meisten Menschen merken nicht, daß sie hinter Hindernissen und Barrieren verweilen, die ihr Glück verhindern. Man »verbindet sich mit seinen Wahrnehmungen«: Wenn man also seine uneingeschränkte Aufmerksamkeit Hindernissen und Schranken widmet, werden diese immer schlimmer.

Schenken wir also unsere uneingeschränkte Aufmerksamkeit Gott. Sagen Sie leise (in Anbetracht all der Hindernisse): *Gottes Wege sind genial, seine Methoden unfehlbar*. Gottes Kraft ist unfehlbar (obwohl sie unsichtbar ist). »Rufe zu mir, und ich werde dir antworten, und dir große und gewaltige Dinge zeigen, die du nicht kennst.« Um den Glauben an unser Glück zu demonstrieren, müssen wir unseren Blick von negativen Erscheinungen abwenden: »Urteile nicht nach Äußerlichkeiten.«

Suchen Sie nach einer Aussage, die Ihnen ein Gefühl der Sicherheit vermittelt. Der lange Arm Gottes erhebt sich schützend über die Menschen und ihr Leben, er hat die Situation unter Kontrolle und schützt meine Interessen!

Ich wurde gebeten, einem Mann zu helfen, dem eine geschäftliche Besprechung mit einer ziemlich skrupellosen Person bevorstand. Ich verwendete den genannten Satz und genau zu dem Zeitpunkt, als ich die Worte sprach, nahm das Gespräch den richtigen Verlauf und führte zu einem gerechten Ergebnis. Wir alle kennen Sprichwörter wie »Hoffnung allein macht das Herz krank, erst durch das Verlangen wird sie zum Baum des Lebens«.

Durch unser aufrichtiges Verlangen (ohne daß wir uns fürchten), holen wir die gewünschten Dinge ein; und unsere Wünsche gehen in Erfüllung. »Ich werde dir den rechtmäßigen Wunsch deines Herzens geben.«

Egoistische Wünsche, die anderen Menschen Schaden zufügen, kehren stets zurück, um dem, der sie ausgesendet hat, zu schaden. Ein rechtmäßiger Wunsch, den wir Gott zurufen, kommt als Echo zurück. Er existiert bereits als vollkommene Vorstellung im göttlichen Geist. Erfinder haben zunächst eine Vorstellung von den Dingen, die sie erfinden. In meinem Buch *Das Lebensspiel und seine mentalen Regeln* schreibe ich, daß das Telefon nach Bell gesucht hatte.

Es kommt oftmals vor, daß zwei Menschen zur gleichen Zeit dieselbe Entdeckung machen; sie besitzen die gleiche »Wellenlänge«.

Das Wichtigste im Leben besteht darin, den Universellen Plan zu verwirklichen. So wie das Bild der Eiche in der Eichel zu sehen ist, birgt das Höhere Bewußtsein den Universellen Plan unseres Lebens; unsere Aufgabe ist es, ein fehlerfreies Muster zu erarbeiten, nach dem wir leben. Dann werden wir ein magisches Leben führen, denn im göttlichen Entwurf ist es vorgesehen, daß alle Bedingungen unseres Lebens stets die besten sind. Menschen, die sich ihres Glücks nicht bewußt sind, widersetzen sich dem Universellen Plan.

Vielleicht sollte die Frau, die am liebsten den

ganzen Tag im Bett, mit der Lektüre von Illustrierten verbrachte, Artikel schreiben, doch ihre Bequemlichkeit stand dem Wunsch weiterzukommen, im Wege.

Die Fische, die sich Flügel wünschten, waren rege und lebendig, sie verbrachten den Tag nicht auf dem Bett des Ozeans und lasen *Vogue* oder *Harper's Bazaar.* Erwache, der du schläfst und hol' dein Glück ein! »Rufe mich und ich werde dir antworten, und dir große und gewaltige Dinge zeigen, die du nicht kennst.«

Ich hole jetzt mein Glück ein, denn noch ehe ich rufe, wird mir geantwortet.

Flüsse in der Wüste

»Sehet, ich vollbringe Neues! Schon tritt es in Erscheinung, merkt ihr's denn nicht? Ja, ich lasse eine Straße in der Wüste entstehen, Ströme in der Einöde.« (Jesaja 43,19)

In Kapitel 43 von Jesaja sind viele wundervolle Aussagen enthalten, in denen die unwiderstehliche Kraft der Höchsten Intelligenz zum Ausdruck kommt, die uns Menschen in schweren Zeiten Rettung verspricht. Wie aussichtslos die Situation auch zu sein scheint, die Unendliche Intelligenz kennt einen Ausweg.

Wenn wir uns der Wirkung der Gotteskraft öffnen, werden wir bedingungslos und absolut. Versuchen wir also, eine Erkenntnis dieser verborgenen Kraft, auf die wir jederzeit zurückgreifen können, zu erlangen.

Stellen Sie eine Verbindung zur Unendlichen Intelligenz her (dem Göttlichen in uns) und alles Böse löst sich auf, denn es ist das Produkt unserer »nichtigen Einbildung«.

In meiner Frage-und-Antwort-Klasse wurde ich häufig gefragt: »Wie stelle ich eine bewußte Verbindung mit dieser Unsichtbaren Kraft her?« Ich antworte: »Durch deine Worte. – Durch deine Worte wirst du erlöst.« Der Zenturio sprach zu Jesus Christus: »Sprich ein Wort, Herr, und meine Diener werden geheilt.« »Wer auch immer den Namen des Herrn ruft, dem wird gegeben.« Beachten Sie das Wort »rufen«: Indem man eine Bejahung der Wahrheit ausspricht, ruft man den Herrn beziehungsweise die Gesetze. Ich sage immer, man muß eine Aussage wählen, bei der es »klickt«, das bedeutet, sie soll ein Gefühl der Sicherheit vermitteln.

Die Menschen sind Sklaven ihrer eigenen Vorstellung von mangelhaften Lebensbedingungen; sei es nun bezüglich Liebe, Geld, Partnerschaft oder Gesundheit. Sie werden zu Sklaven durch die Angst vor persönlicher Beeinträchtigung und Unvollkommenheit. Es ist, als schliefen sie und träumten Adams Traum: Adam (der Mensch im allgemeinen) aß vom Baum der Erkenntnis und erkannte, daß es zwei Mächte gibt, das Gute und das Böse.

Die christliche Mission bestand darin, die Menschen zum Erwachen zu bringen und von der Wahrheit einer einzigen Kraft, nämlich Gottes Kraft, zu überzeugen. »Erwache, der du schläfst.«

Wenn es dir an irgend etwas mangelt, dann »verschläfst« du dein Glück noch. Wie aber erwachen wir aus Adams Traum, dem Traum der Gegensätze, nachdem wir Jahrhunderte im Tiefschlaf zugebracht haben? Jesus Christus sagte: »Wenn zwei von euch übereinstimmen, wird es geschehen.« Das ist das Gesetz der Harmonie.

Es ist beinahe unmöglich, sein Glück selbst klar zu erkennen; deshalb ist es wichtig, einen guten Arzt oder Freund zu haben. Viele erfolgreiche Männer sagen, daß sie nur deshalb Erfolg hatten, weil ihre Ehefrauen an sie glaubten.

Ich möchte nun ein Zitat aus der Zeitung anführen, das Walter P. Chryslers Anerkennung gegenüber seiner Frau zum Ausdruck bringt: »Nichts«, so sagte er einmal, »hat mir in meinem Leben mehr Freude bereitet, als der Glaube, den mir meine Frau von Anfang an sowie all die Jahre hindurch entgegenbrachte.« Chrysler schrieb folgendes über sie: »Es kam mir so vor, als könnte ich niemandem außer Della klarmachen, was ich wirklich will. Ich könnte ihr alles erzählen und sie würde nicken. Ich traute mich sogar, ihr zu sagen, daß ich die Absicht hatte, eines Tages Mechanikermeister zu sein.« Sie unterstützte all seine Pläne.

Sprechen Sie so wenig wie möglich über Ihre Angelegenheiten und nur mit Leuten, die Ihnen Mut machen und Begeisterung ausstrahlen. Die Welt ist voller »Spielverderber«, Menschen, die immer sagen »das ist unmöglich« und behaupten, man würde seine Ziele zu hoch stecken.

Bei Seminaren, die zum Zweck der Wahrheitsfindung abgehalten werden, genügt oft ein Wort oder eine Idee, um den Leuten einen Weg aus ihrer »inneren Wildnis« zu öffnen.

Mit den biblischen Metaphern sind natürlich Bewußtseinszustände gemeint. Man befindet sich in der Wildnis oder in der Wüste, wenn das Leben seine Harmonie verloren hat – wenn man ärgerlich, zornig, ängstlich oder unentschlossen ist. Unentschlossenheit ist häufig die Ursache von Krankheit, man ist unfähig »sich zu entscheiden«.

Als ich eines Tages im Bus fuhr, stieg eine Frau zu und fragte den Fahrer, wohin er fährt. Er nannte ihr das Fahrtziel, doch sie war unentschlossen. Zuerst stieg sie ein, dann wieder aus und stieg schließlich doch ein. Da drehte sich der Fahrer um und sagte: »Gnädige Frau, entscheiden Sie sich!«

So geht es vielen Menschen: »Entscheiden Sie sich!« Wer intuitiv handelt, ist niemals unentschlossen: er wird von seinem Gefühl geleitet und geht tapfer voran, denn er weiß, er ist auf dem magischen Pfad.

Auf der Suche nach Wahrheit bitten wir um ein Zeichen, das uns sagt, was zu tun ist; wir werden dieses Zeichen immer bekommen, wenn wir darum bitten. Manchmal ist es Intuition und kommt von innen, manchmal aber auch von außen. Eine Schülerin von mir, namens Ada, ging eines Tages unentschlossen die Straße entlang und wußte nicht recht, wo sie hingehen sollte; sie bat um ein Zeichen. Zwei

Frauen gingen vor ihr. Die eine sagte zur anderen: »Warum kommst du nicht, Ada?« Sie hatte zufällig denselben Namen – meine Freundin erkannte darin das Zeichen und gelangte so zu ihrem Ziel, das sich als äußerst erfolgreich erwies.

Wir führen in der Tat ein magisches Leben; für jeden Schritt, den wir machen, ist gesorgt, denn wir werden geführt; vorausgesetzt wir haben Ohren, die hören können, und Augen, die sehen. Wir müssen die Ebene des Intellekts verlassen und aus dem Höheren Bewußtsein, dem Göttlichen in uns, schöpfen, das sagt: »Das ist der richtige Weg, beschreite ihn.«

Alles, was wir wissen müssen, wird uns enthüllt. Alles, was wir entbehren, wird uns gegeben! »So sprach der Herr und bahnte einen Weg im Meer, einen Pfad durch das gewaltige Wasser.« »Gedenke nicht mehr des Früheren, um die Vergangenheit kümmere dich nicht.«

Menschen, die in der Vergangenheit leben, haben ihre Verbindung zur wundervollen Gegenwart gelöst. Gott kennt nur das »Jetzt«; jetzt ist der festgelegte Zeitpunkt, heute ist der Tag.

Viele Menschen führen ein Leben der Einschränkung, sie horten, sparen und haben Angst davor, das, was sie besitzen, zu nutzen; doch das führt letztendlich zu noch mehr Entbehrung und Einschränkung.

Hier die Geschichte einer Frau, die in einer kleinen Stadt auf dem Land lebte: Sie besaß sehr wenig

Geld und konnte kaum etwas sehen. Eine nette Freundin nahm sie mit zum Augenarzt und schenkte ihr eine Brille, mit der sie hervorragend sehen konnte. Kurze Zeit später begegneten sie sich auf der Straße, doch die Frau trug ihre Brille nicht. Die Freundin fragte: »Wo ist deine Brille?« Die Frau antwortete: »Nun, du erwartest doch nicht, daß ich sie kaputtmache, indem ich sie jeden Tag trage? Ich benutze sie nur sonntags.«

Man muß im »Jetzt« leben und sich seiner Möglichkeiten voll bewußt sein. »Seht, ich schaffe Neuartiges: Jetzt soll es sprießen, merkt ihr es nicht? In der Wildnis lege ich einen Weg, und Flüsse in der Wüste.« Diese Botschaft ist an jeden von uns gerichtet: Denken Sie an Ihre Probleme und daran, daß die Unendliche Intelligenz den Weg kennt, der zur Erfüllung führt. Ich benutze das Wort »Weg«, denn »noch ehe wir rufen, wird uns geantwortet«. Die Versorgung geht dem Bedürfnis immer voraus. Gott ist Gebender und Geschenk gleichzeitig, er öffnet jetzt seine eigenen erstaunlichen Wege.

Wenn Sie darum gebeten haben, daß sich der Universelle Plan Ihres Lebens erfüllen möge, sind Sie vor allen Dingen geschützt, die nicht darin vorgesehen sind.

Vielleicht denken Sie, daß Ihr ganzes Glück von einer einzigen Sache im Leben abhängt; doch später loben Sie den Herrn vielleicht, daß sie nicht eingetreten ist. Manchmal sind wir versucht, nur noch auf unseren Verstand zu hören und gegen die intuitive

Führung zu handeln, doch dann stößt uns die Hand des Schicksals plötzlich an unseren rechtmäßigen Platz; mit Gottes Gnade finden wir uns auf dem magischen Pfad wieder.

Seien Sie sich jetzt Ihres Glücks bewußt – Sie haben Ohren, die hören können (die intuitive Führung), und Augen, die den freien Weg zur Erfüllung sehen.

Das Geniale in mir ist befreit, ich erfülle nun meine Bestimmung.

Die tiefere Bedeutung von »Schneewittchen und die Sieben Zwerge«

Ich wurde um eine metaphysische Interpretation des Grimm-Märchens *Schneewittchen und die Sieben Zwerge* gebeten. Es war verblüffend, als die Verfilmung dieses Märchens, dank Walt Disney's Phantasie, die Straßen einer intellektuellen Stadt wie New York leerfegte.

Der Film war für Kinder vorgesehen, doch Männer und Frauen füllten das Kino. Die Ursache dieser Beliebtheit liegt wohl darin, daß Märchen ihren Ursprung in uralten Legenden aus Persien, Indien und Ägypten finden, die auf wahren Begebenheiten beruhen.

Schneewittchen, die kleine Prinzessin, hat eine grausame Stiefmutter, die eifersüchtig auf sie ist.

Diese Idee von der bösen Stiefmutter finden wir auch bei *Aschenputtel*. Beinahe jeder von uns hat so eine grausame Stiefmutter. *Die böse Stiefmutter ist eine negative Denkweise, die man im Unterbewußtsein aufgebaut hat.*

Die herzlose Stiefmutter ist neidisch auf Schneewittchen, sie kleidet das Mädchen in Lumpen und sperrt es ein. *Alle bösen Gedanken, die wir hegen, tun dasselbe mit uns.* Die unmenschliche Stiefmutter stellt jeden Tag dieselbe Frage an ihren Zauberspiegel und sagt: »Spieglein, Spieglein an der Wand, wer ist die Schönste im ganzen Land?« Eines Tages antwortet der Spiegel: »Ihr Königin seid die Schönste hier, doch Schneewittchen ist tausendmal schöner als Ihr.« Das macht die Königin so wütend, daß sie beschließt, Schneewittchen in den Wald zu schicken, um sie von einem ihrer Diener töten zu lassen. Doch das Herz des Dieners wird weich, als Schneewittchen um ihr Leben fleht; so läßt er sie im Wald zurück. Im Wald drohen viele Gefahren, denn es gibt eine Menge schrecklicher Tiere und Fallen. Schneewittchen sinkt vor lauter Schreck zu Boden und während sie da liegt, ereignet sich ein höchst ungewöhnliches Schauspiel. Unzählige entzükkende kleine Tiere, Hasen, Eichhörnchen, Hirsche, Biber, Waschbären, Vögel usw. kommen herbei und kreisen sie ein. Sie öffnet ihre Augen und begrüßt die Tiere voller Freude; sie sind alle so freundlich und hübsch. Schneewittchen erzählt ihre Geschichte, worauf die Tiere sie zu einem kleinen

Haus führen; dort macht sie es sich gemütlich. *Diese freundlichen Vögel und Tiere symbolisieren unsere intuitive Führung oder Ahnungen, die stets darauf vorbereitet sind, uns aus dem Wald zu führen.*

Das kleine Haus entpuppt sich als das Heim der Sieben Zwerge. Alles ist in Unordnung, so daß Schneewittchen und ihre Tierfreunde damit beginnen, das Haus aufzuräumen. Die Eichhörnchen wischen Staub mit ihren Schwänzen, die Vögel hängen umherliegende Dinge auf, indem sie die kleinen Hörner der Hirsche als Kleiderständer benutzen. Als die Sieben Zwerge vom Goldgraben nach Hause zurückkehren, entdecken sie die Veränderungen und finden Schneewittchen schließlich schlafend in einem ihrer Bettchen vor. Am nächsten Morgen erzählt sie ihre Geschichte; von nun an bleibt sie bei den Zergen, macht den Haushalt, kocht das Essen und ist sehr glücklich. *Die Sieben Zwerge symbolisieren die schützenden Kräfte um uns herum.*

In der Zwischenzeit befragt die grausame Stiefmutter wieder ihren Spiegel, und er spricht zu ihr: »Oh, Königin, Ihr seid die Schönste hier, aber Schneewittchen über den Bergen, bei den Sieben Zwergen ist tausendmal schöner als Ihr.« Das bringt die Königin zur Weißglut; sie verkleidet sich als alte Hexe und macht sich mit einem vergifteten Apfel auf den Weg zu Schneewittchen. Sie findet das Mädchen im Haus der Sieben Zwerge und verführt es mit dem großen, roten und saftigen Apfel. Die Vögel und Tiere bemühen sich, ihr klarzumachen, daß sie den Apfel nicht anrühren soll. *Sie versuchen, ihr ein Zeichen zu geben, damit sie den Apfel nicht ißt.* Aufgeregt laufen sie hin und her, doch Schneewittchen kann nicht widerstehen. Sie beißt in den Apfel und fällt auf der Stelle tot um. Nun rennen all' die kleinen Vögel und Tiere davon, um die Sieben Zwerge zu Hilfe zu holen, doch es ist zu spät, Schneewittchen liegt leblos da. Bekümmert lassen sie ihre kleinen Köpfe hängen. Da erscheint plötzlich der Prinz, küßt Schneewittchen und sie erwacht wieder zum Leben. Die beiden heiraten und sind glücklich bis an ihr Lebensende. Die Königin, die böse Stiefmutter, wird von einem furchtbaren Sturm weggefegt. *Die alte Denkweise löst sich auf und wird für immer verbannt. Der Prinz symbolisiert den Universellen Plan unseres Lebens. Wenn er »uns zum Leben erweckt«, sind wir glücklich bis an unser Lebensende.*

Dies ist das Märchen, das New York und das ganze Land gefesselt hat. Finden Sie heraus, welche Form der Tyrannei »die böse Stiefmutter« in Ihrem Unterbewußtsein ausübt. Es sind negative Gedanken, die sich auf all' unsere Angelegenheiten auswirken. Die Leute sagen Dinge wie: »Mein Glück kommt immer zu spät.« – »Ich habe so viele Gelegenheiten verpaßt!«

Es ist an der Zeit, daß wir umdenken und uns immer wieder vorsagen: *Ich bin mir meines Glücks voll bewußt, ich werde keine Chance auslassen. Wir müssen die schlechten Reden der bösen Stiefmutter übertönen. Ewige Wachsamkeit ist der Preis für die Befreiung von den negativen Gedanken.*

Nichts kann mich hindern, nichts kann die Offenbarung des Universellen Plans für mein Leben verzögern. Das Licht der Lichter erhellt meinen Pfad und enthüllt mir den freien Weg zur Erfüllung!